|红色经典丛书|

雷锋语录

陈 述 选编

江苏凤凰文艺出版社

图书在版编目（CIP）数据

雷锋语录 / 雷锋著；陈述选编. — 南京：江苏凤凰文艺出版社，2019.1（2023.3重印）
（红色经典丛书）
ISBN 978-7-5594-3050-2

Ⅰ.①雷… Ⅱ.①雷…②陈… Ⅲ.①雷锋（1940—1962）-语录 Ⅳ.①D648

中国版本图书馆CIP数据核字（2018）第248042号

雷锋语录

雷锋 著　陈述 选编

出 版 人	张在健
总 策 划	汪修荣
责任编辑	孙金荣
封面设计	马海云
责任印制	刘 巍
出版发行	江苏凤凰文艺出版社
	南京市中央路165号，邮编：210009
网　　址	http://www.jswenyi.com
印　　刷	南京新洲印刷有限公司
开　　本	880毫米×1230毫米　1/32
印　　张	8.375
字　　数	205千字
版　　次	2019年1月第1版
印　　次	2023年3月第5次印刷
书　　号	ISBN 978-7-5594-3050-2
定　　价	30.00元

江苏凤凰文艺版图书凡印刷、装订错误，可向出版社调换，联系电话 025-83280257

目　　录

第一部分　中国好人——雷锋的成长道路

1. 悲惨的童年 003
2. 新的希望 005
3. 光荣参军　附录：雷锋作品 009
4. 模范战士 018

第二部分　毛主席的好战士

1. 纪念白求恩 029
2. 全心全意为人民服务 033
3. 做一个对人民有用的人 035
4. 理论联系实际 037
5. 学习《整顿党的作风》 040
6. 支援祖国的建设 042
7. 勇于面对艰难曲折 044
8. 一切反动派都是纸老虎 047
9. 愚公精神 049
10. 做一个真正自觉的无产阶级革命战士 052
11. 自己动手，丰衣足食 055
12. 我是人民的子弟兵 057
13. 虚心使人进步，骄傲使人落后 059
14. 听党的话，跟党走 062

15. 在平凡细小的工作当中，干出不平凡的业绩 ⋯⋯⋯⋯⋯ 065
16. 紧紧地与群众团结在一起 ⋯⋯⋯⋯⋯⋯⋯⋯⋯⋯⋯ 068

第三部分　勤奋工作篇

1. 保证克服一切困难 ⋯⋯⋯⋯⋯⋯⋯⋯⋯⋯⋯⋯⋯⋯ 073
2. 开展思想斗争和批评与自我批评 ⋯⋯⋯⋯⋯⋯⋯⋯ 075
3. 众人先进才能移山填海 ⋯⋯⋯⋯⋯⋯⋯⋯⋯⋯⋯⋯ 077
4. 带了徒弟 ⋯⋯⋯⋯⋯⋯⋯⋯⋯⋯⋯⋯⋯⋯⋯⋯⋯⋯ 079
5. 听党的话，服从命令听指挥 ⋯⋯⋯⋯⋯⋯⋯⋯⋯⋯ 081
6. 把青春献给祖国最壮丽的事业 ⋯⋯⋯⋯⋯⋯⋯⋯⋯ 084
7. 永远忠于党，保卫党的利益，为党的事业奋斗终身 ⋯ 086
8. 帮助老太太 ⋯⋯⋯⋯⋯⋯⋯⋯⋯⋯⋯⋯⋯⋯⋯⋯⋯ 088
9. 什么是时代的美？ ⋯⋯⋯⋯⋯⋯⋯⋯⋯⋯⋯⋯⋯⋯ 090
10. 有了伟大的热情，才有伟大的行动！ ⋯⋯⋯⋯⋯⋯ 092
11. 我们都是阶级兄弟 ⋯⋯⋯⋯⋯⋯⋯⋯⋯⋯⋯⋯⋯⋯ 094
12. 人民的子弟兵，祖国的保卫者 ⋯⋯⋯⋯⋯⋯⋯⋯⋯ 096
13. 我们是伟大的中国人民解放军 ⋯⋯⋯⋯⋯⋯⋯⋯⋯ 097
14. 如果有缺点，就不怕别人批评指出 ⋯⋯⋯⋯⋯⋯⋯ 099
15. 虚心学习，刻苦钻研，学到真本领 ⋯⋯⋯⋯⋯⋯⋯ 101
16. 发扬我军艰苦朴素、勤俭节约的优良传统 ⋯⋯⋯⋯ 103
17. 圆满地完成了各项任务 ⋯⋯⋯⋯⋯⋯⋯⋯⋯⋯⋯⋯ 105
18. 按计划办事，害处很大 ⋯⋯⋯⋯⋯⋯⋯⋯⋯⋯⋯⋯ 107
19. 星期日的加班 ⋯⋯⋯⋯⋯⋯⋯⋯⋯⋯⋯⋯⋯⋯⋯⋯ 109
20. 为了一个共同的革命目标 ⋯⋯⋯⋯⋯⋯⋯⋯⋯⋯⋯ 111

第四部分　助人为乐篇

1. 多为党做一些工作，这就是我感到最光荣的 ⋯⋯⋯ 115

2. 做一个真正的共产主义革命战士 ⋯⋯⋯⋯⋯⋯ 117
3. 助人为乐 ⋯⋯⋯⋯⋯⋯⋯⋯⋯⋯⋯⋯⋯⋯⋯⋯ 119
4. 一心向着党 ⋯⋯⋯⋯⋯⋯⋯⋯⋯⋯⋯⋯⋯⋯ 121
5. "对待同志要像春天般的温暖" ⋯⋯⋯⋯⋯⋯ 123
6. 参加人民公社的劳动 ⋯⋯⋯⋯⋯⋯⋯⋯⋯⋯ 125
7. 为人民服务,这是我应尽的义务 ⋯⋯⋯⋯⋯ 127
8. 为了党和人民的事业 ⋯⋯⋯⋯⋯⋯⋯⋯⋯⋯ 129
9. 奋发图强,自力更生,克服当前存在的暂时困难 ⋯⋯ 131
10. 为了共产主义事业! ⋯⋯⋯⋯⋯⋯⋯⋯⋯⋯ 133
11. 替战友理发了 ⋯⋯⋯⋯⋯⋯⋯⋯⋯⋯⋯⋯⋯ 135
12. 我愿意把自己所有的东西,包括生命献给党和人民 ⋯⋯ 137
13. 帮战友洗袜子 ⋯⋯⋯⋯⋯⋯⋯⋯⋯⋯⋯⋯⋯ 139
14. 帮助有困难的同志 ⋯⋯⋯⋯⋯⋯⋯⋯⋯⋯⋯ 141
15. 当一名无名英雄 ⋯⋯⋯⋯⋯⋯⋯⋯⋯⋯⋯⋯ 143
16. 我愿做个大粪夫 ⋯⋯⋯⋯⋯⋯⋯⋯⋯⋯⋯⋯ 144
17. 帮助战友 ⋯⋯⋯⋯⋯⋯⋯⋯⋯⋯⋯⋯⋯⋯⋯ 147
18. 为战友捐款 ⋯⋯⋯⋯⋯⋯⋯⋯⋯⋯⋯⋯⋯⋯ 149
19. 越是困难的地方越是要去 ⋯⋯⋯⋯⋯⋯⋯⋯ 151
20. 车站义务劳动 ⋯⋯⋯⋯⋯⋯⋯⋯⋯⋯⋯⋯⋯ 153
21. 雪中送暖 ⋯⋯⋯⋯⋯⋯⋯⋯⋯⋯⋯⋯⋯⋯⋯ 155
22. 只要大家多得些方便,就是我最大的快乐 ⋯⋯ 157
23. 我是人民的勤务员 ⋯⋯⋯⋯⋯⋯⋯⋯⋯⋯⋯ 159
24. 关心他人比关心自己为重 ⋯⋯⋯⋯⋯⋯⋯⋯ 161
25. 将革命进行到底 ⋯⋯⋯⋯⋯⋯⋯⋯⋯⋯⋯⋯ 163
26. 抢救国家财产 ⋯⋯⋯⋯⋯⋯⋯⋯⋯⋯⋯⋯⋯ 165

第五部分 人生感悟

1. 如果你是一滴水 169
2. 读《沉浮》 171
3. 党的声音,就是人民的声音 172
4. 把自己的全部力量献给党的建设事业 174
5. 青春啊!永远是美好的 176
6. 向劳动模范张秀云学习 177
7. 为党的利益,为集体的利益不惜牺牲自己的利益 179
8. 做革命的螺丝钉 181
9. 站得高些,更高些;看得远些,更远些! 183
10. 做一个真正的共产主义革命战士 185
11. 革命大家庭的温暖和幸福 188
12. 确定坚定不移的革命人生观 190
13. 忠于党的事业 192
14. 青春:闪烁着共产主义火花的青春 194
15. "哪儿有困难就到哪儿去" 196
16. 郅顺义老英雄是我永远学习的榜样 198
17. 脑子里只有人民、没有自己 200
18. 世界上最光荣的事 202
19. 对党和人民要万分忠诚 204
20. 为共产主义奋斗终身 206
21. 革命的利益高于一切 208
22. 我愿意献出自己的一切 209
23. 永远做一个人民的小学生 211
24. 做人民最忠实的勤务员 213
25. 一定要走群众路线 215
26. 做一个对人民有用的人 217

27. 对党、对人民要忠诚老实············219
28. 做一个真正的革命者············220
29. 钉子有两个长处············222
30. 我要把有限的生命，投入到无限的为人民服务之中去······224
31. 我是人民的子弟兵············225
32. 做一个名副其实的共产党员············227
33. 为党的事业贡献出自己的一切············229
34. 为共产主义事业奋斗终身············231
35. 为人类解放而斗争············233
36. 不经风雨，长不成大树············235
37. 一条条小渠，汇入江河············237
38. 我是党的儿子，人民的勤务员············238
39. 虚心学习············240
40. 我愿永远做一个螺丝钉············242
41. 个人和集体的关系············244
42. 集体利益放在第一位············246
43. 决不要陷于骄傲············248
44. 力量从团结来，智慧从劳动来············250
45. 永远保持自己历史鲜红的颜色············252

后记：公民好人雷锋··················陶林 253

第一部分

中国好人——雷锋的成长道路

1. 悲惨的童年

雷锋，原名雷正兴，出生在湖南省长沙市望城县（现长沙市望城区雷锋镇）一个贫苦农民家庭，解放前，他的亲人因遭迫害相继含恨死去。

1940年是雷锋出生的时候，正处于抗日战争时期，人民生活于水深火热之中；雷锋曾在一篇日记中写道："我家里很穷，父亲、母亲、哥哥、弟弟，都死在民族敌人和阶级敌人的手里，这血海深仇，我永远铭记在心中。"

雷锋的爷爷叫雷新庭，以租种地主的田地谋生，整年辛苦劳作，但仍无法维持家人的生计，最后身染重病，卧床不起。雷锋三岁那年冬天年关时，地主唐四滚前来逼债，要雷家在年前还清租债，雷新庭无力偿还，悲愤交集，病情加重，在过年的鞭炮声中被活活逼死。

父亲雷明亮，参加过毛主席领导的湖南农民运动，当过自卫队长。1938年被国民党抓去，遭到毒打，造成内伤和残疾，回到家乡后边养病边种地勉强度日。1944年又遭到日寇毒打，伤势更加严重，翌年秋天不幸去世。

哥哥雷正德，十二岁时外出当了童工，在繁重劳动的折磨下得了肺结核。一天，他突然昏倒在机器旁，轧伤了胳膊和手指。被解雇后又到一家印染作坊当了童工，由于劳累过度，肺病加重，又无钱医治，没几天就死去了。弟弟也因为饥饿而死去。雷锋六岁的时候，家里只剩下了他和妈妈两个人。

雷锋的妈妈也是一个受尽折磨的苦命人。她是铁匠的女儿，生下来几天，由于过于贫穷，父母没能力抚养，就把她送进长沙一家育婴堂，简家塘一个姓杨的奶妈把她抱回家抚养，六岁时把她送给雷家做了童养媳。后来，雷锋的母亲被地主唐四滚凌辱而自尽。

雷家祖屋

雷锋在不满七岁时就成了孤儿。邻居家的六叔奶奶收养了他。他为了帮助六叔奶奶家，常常上山砍柴，可是，当地的柴山全都被地主婆霸占了，不许穷人去砍柴。有一天雷锋到蛇形山砍柴，被谭家地主婆看见了，这个地主婆指着雷锋破口大骂，要雷锋把柴运到她家，并抢走了柴刀，雷锋哭喊着要夺回砍柴刀，可那地主婆竟举起柴刀在雷锋的左手背上连砍三刀，鲜血顺着手指滴落在山路上。雷锋赶忙捂住伤口，忍住疼，两眼瞪着地主婆，他大声叫道："总有一天，我要报仇！"

每当小雷锋可怜巴巴的身影在哪家门口出现，哪家就叫他："庚伢子，来吃口饭吧！"小雷锋胆怯地靠拢桌子，他往嘴里扒着饭，眼泪禁不住扑簌簌地往下掉。

小雷锋再也不忍心给叔祖母家和乡邻们增加负担了。1948年一开春，他就瞒着叔祖母开始沿门乞讨去了。

2. 新的希望

1949年8月,湖南解放时,小雷锋便找到路过的解放军连长要求当兵。连长没同意,但把一支钢笔送给他。1950年,雷锋当了儿童团团长,积极参加土改。同年夏,乡政府的党支书供他免费读书,1954年加入中国少年先锋队。

1954年,雷锋加入少年先锋队的留影

中国少年先锋队前身为中国少年儿童队，成立于1949年10月13日。但中国少年儿童的革命组织，从上世纪初的劳动童子团算起，已有接近100年的历史了。在中国革命的各个时期，都有革命的儿童组织活跃在父兄身边，为人民的解放事业做出贡献。

1955年，雷锋转入荷叶坝小学，这年春天，在农业合作化高潮中，雷锋把土改中分得的3.6亩田全部入了社。

1955年5月雷锋与荷叶坝小学四五年级全体师生合影

1956年7—9月，雷锋在生产队当了近三个月秋征助理员，搞征收公粮工作。1956年9月，在安庆乡政府当通讯员。1956年11月17日，到望城县委当公务员。

1956年，雷锋（右一）和县委机关部分同志合影

雷锋是个很有"想法"的人。小学毕业那天，面对全校师生，他走上讲台热情宣布，他人生的三大目标是：当个好农民、当个好工人、当个好士兵。此后六年的时间里，这些理想都逐一化作现实。

1957年2月8日，雷锋光荣加入中国新民主主义青年团，同时被评为县委机关工作模范。1957年夏，担任望城县治沩工程指挥部通讯员，治沩工程结束，被评为治沩模范。

1958年春，雷锋到团山湖农场，只用了一周的时间就学会了开拖拉机。同年9月，雷锋响应支援鞍钢的号召，到辽宁鞍山做了一名推土机手。

1959年8月，雷锋又来到条件艰苦的弓长岭焦化厂参加基础建设，曾带领伙伴们冒雨奋战保住了7200袋水泥免受损失，当时的《辽阳日报》报道了这一事迹。在鞍山和焦化厂工作期间，他曾三次被评为先进工作者，五次被评为标兵，18次被评为红旗手，并荣获"青年社会主义建设积极分子"的光荣称号。

1958年2月底，21岁的王佩玲从湖南望城县供销社下放到了团山湖农场劳动，并因为书的缘故，与年方18岁的雷锋成了好朋友。一天中午，雷锋突然来到她宿舍，给她送来一个笔记本，扉页写有赠言，里头还夹着一张他的全身照，背面题写着："送给王佩玲同志留念。雷正兴赠。1958.3.13"这两样礼物现珍藏在望城雷锋博物馆里，不久，二人确立了恋爱关系。

《离开雷锋的日子》的导演王兴东在接受采访时，谈到雷锋的恋爱故事，描述道：我在辽阳刘二堡子找到当年雷锋班的战士田生绵同志。在对雷锋的回忆和叙说中，田生绵提到了雷锋恋爱的过程。因为平时雷锋和班里战士关系很好，像亲兄弟一样，很随便。有一天，一位战士拿着一封写给雷锋的信走进来，说："写给班长的信。"大家一听到就都乐呵呵地围在一起把信拆了打开，其中一位战友念了起来："亲爱的锋……"刚念了一句，大家就哄堂笑了起来，雷锋在一旁红了脸，赶快把信抢走了。写信的人是谁？战士们都心里有数，是一位1958年和雷锋一起从湖南来支援鞍钢建设的年轻姑娘。她既是雷锋老乡，两人又一同在鞍钢工作过，关系一直非常好，信就是她写来的。从当时那封信的内容来看，雷锋和她确实已确立了恋爱关系。

雷锋女友王佩玲

3. 光荣参军　　附录：雷锋作品

1959年12月征兵开始，雷锋迫切要求参军，焦化厂领导舍不得放他走。雷锋跑了几十里路来到辽阳市兵役局（现人民武装部）表明参军的决心，最终成功入伍。

雷锋身高只有1.54米，体重不足55公斤，不符合征兵条件，但因政治素质过硬和有经验技术，最后被破例批准入伍；参加人民解放军后，编入工程兵某部运输连，他努力钻研技术，后任班长；他全心全意为人民服务，只要是对人民有利的事，他都心甘情愿地去做；他谦虚谨慎，从不自满自炫，受到赞誉不骄傲，做了好事不留姓名；他曾多次立功，被评为节约标兵和模范共青团员，1960年11月入党，并被选为抚顺市人民代表。

1960年1月7日，当晚，接兵参谋戴明章通过长途电话向工兵团团长吴海山请示，雷锋虽无政审表，可是个优秀青年，能否先带到部队？经同意，在登车出发前八小时，雷锋终于穿上新军装。

1960年3月，新兵连训练结束，雷锋被分配到运输连当驾驶员，下连不久，又被抽调参加团里战士业余演出队。

1960年4月，从团里战士业余演出队回到运输连，一个月后，雷锋成为新兵中一名合格的汽车驾驶员，第一个下到战斗班。

1960年8月，参加上寺水库抢险救灾，带病连续奋战七天七夜，表现突出，团党委为雷锋记二等功一次。

1960年8月，把平时节约下来的200元钱分别支援抚顺市望花区人民公社和辽阳水灾区，受到部队表彰，团党委决定树立雷锋为"节约标兵"。

雷锋向神枪手雷凯同志请教步枪射击的要领。虽然从收入看，雷锋的每次"跳槽"都是在贬值，但是雷锋看重的是自己的追求、目标、成长，是对国家和社会的贡献。一位职场研究者称，雷锋以短短22年的人生长度就做了四份有意义且目标明确的工作，他的职场经历对当下在职场生涯中目标不太明确的年轻人有着非常好的借鉴作用。

1960年11月8日，运输连支部党员大会通过雷锋入党申请。

1960年11月9日，工兵团党委在党委书记、政委韩万金主持下，在沈阳军区招待所临时召开党委扩大会议，批准雷锋为中国共产党党员。

1960年11月23日，沈阳军区工程兵党委作出授予雷锋"模范共青团员"称号决定。

1960年11月27日，雷锋荣立二等功，作为立功代表在全团授奖大会上发言，团长吴海山、政委韩万金分别向雷锋颁发二等功奖状和"模范共青团员"奖状，此后，雷锋又荣立过三等功一次，受团、营嘉奖多次。

1960年12月1日,雷锋从1959年8月30日至1960年11月15日的15篇日记在沈阳军区《前进报》首次发表。

1960年12月,雷锋在《前进报》发表署名文章《解放后我有了家,我的母亲就是党》。

1961年2月3日,应邀到海城驻军作忆苦思甜报告,与全国战斗英雄郅顺义(董存瑞战友)亲切交谈。

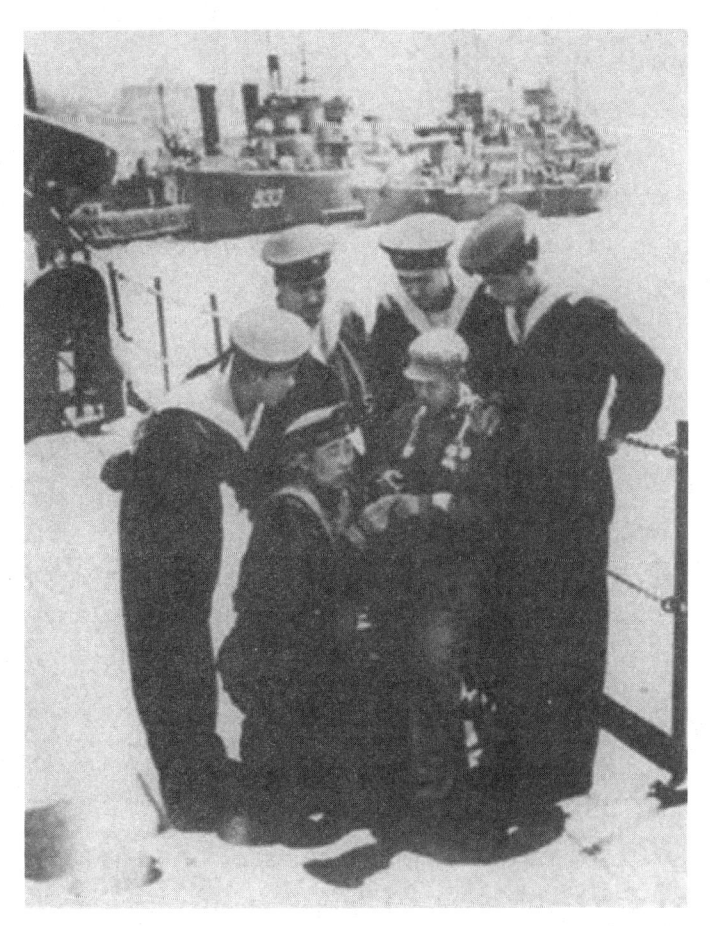

雷锋在旅顺海军基地某舰艇的甲板上为海军官兵作"忆苦思甜"报告

雷锋曾是个怀揣着作家梦的"文艺青年",1958年,雷锋18岁的时候,已经写下了两篇小说、五篇散文和九篇诗歌。可惜的是,雷锋的人生短暂,没能圆"作家梦",但他的确扎扎实实地朝这个方向努力过。他18岁时写的散文《茵茵》已很见写作技巧,后来的短文《我学会开拖拉机了》更被报社编辑认为"很有灵气",文章发表后,雷锋开始写家史,虽然没有最后完成,但已写了两万多字。师永刚说,他的生命太短暂了,终没有成为作家,但他以自己的行为传播了一种"美",成为世界唯一的"雷锋"。

茵　茵

严寒的冬天,地上落了深雪,河里结了厚冰,刺骨的冷风阵阵吹来,似乎不许人再工作似的。但那勤劳勇敢的一万八千多名钢铁战士,不怕千辛万苦地和冰雪战斗。人山人海,挑土筑堤。那挑战的喊声,加油的口号声,打夯的号子声,还有小学生们来慰问时的鼓声,混合一起,响彻云霄。人们为了根治沩水,修筑长堤,忘记了寒冷和疲劳,甚至忘记了自己的生命。

茵茵就是这样的。提起这位年轻的女同志,人们都要感动得流下热泪。她是一个共产党员。她那结实的身体,勤劳的双手,还有那晒黑的脸儿,清秀的头发,活泼的眼睛,真使人敬慕。她穿着一件黄棉衣,脚上是草鞋。据说,黄棉衣是她哥哥从部队复员后送给她的,草鞋是她自己打的,打得很漂亮。

茵茵担任了治沩青年突击队的队长。那场暴雨之后,新堤突然决口了。茵茵领导青年突击队去完成堵口的任务。决口处有七八尺宽,水深过丈,流速很急,水上还漂着冰块,堵口任务十分艰巨。茵茵她们跳进冰冷的水里,打桩、投石、搭桥、挑土……水被堵在堤外,她们的衣服却都湿透了。回到工棚里,茵茵烧了一堆火,让大家围着取暖、烤衣服。茵茵忙前忙后的,没有顾得上烤火,只把衣服脱下来,搭在竹竿上想让风吹干。可是，第二天早起，她的衣服不仅没吹干，天冷反而结了冰，穿在身上还掉冰碴呢！茵茵不顾这些，穿上它又领着大家到堵口工地去战斗，终于完成了党交给青年突击队的任务。

茵茵今年只有19岁，既聪明又勇敢，什么困难都不怕，什么活都能干。堵口任务完成后，又一连下了三天雨，堤内堤外全是水，不能在湖内取土筑堤了。工地指挥部党委采取了措施：调来了十部抽水机，日夜不停地抽出湖内的积水。就在这时候，一个看管抽水机的同志病了，不能坚持工作了。怎么办呢？领导上想到了茵茵，她是个初中毕业生，还学过内燃机，对机械原理和构造是熟悉的。于是，领导上决定调她去管理一段抽水机。茵茵愉快地接受了这个光荣的任务。

茵茵高高兴兴来到抽水机站，一连工作几天都很顺利。一天夜晚，她看到工地上的电灯、煤气灯，以及用竹子做的火把，把新修的长堤照得通亮，民工们好像在夜花园里工作一样。灯光亮，民工干活就安全了，进度也快了。茵茵高兴得随着抽水机声唱起歌来。她歌唱劳动的愉快，歌唱幸福的生活，歌唱美好的将来。茵茵唱着唱着，抽水机突然出了毛病，一条胶管不喷水了。她冷静地想到：抽水机没停转，一定是水管出了毛病。如果把机器停下来，就会影响整个工地的工作。她决定下水修理，立即脱掉棉衣，奋不顾身地跳进冰冷的水中，把堵在水管里的石块掏出来。坚持干了半个多钟头，水管终于又喷水了。

上了岸，茵茵冻得直打哆嗦。她穿上棉衣坐在机器旁，实在是疲倦了，瞌睡了。迷迷糊糊的，她手一动，不料被转动的皮带夹住了！她猛一惊醒，手夹在皮带里抽不出来，疼得她变了脸色，高呼："救命！救命！"

恰好这时有两个民工经过，听到呼救声，急忙跑进抽水机站，只见一位女同志倒在机器旁，一只手给皮带夹断了。皮带还在转动，茵茵的血染红了机器。两位民工不懂机械，不知拉断电闸，却手忙脚乱地用扁担打抽水机，想打停它救人。茵茵挣扎着，痛苦地说："你们不要打机器,那是上万元钱买来的呀!"

两个民工问:"那可怎么办?"

茵茵坚强地说:"拉我!"

两个民工咬着牙,终于把茵茵还连着部分血肉的手臂拉了出来。这时,茵茵已经痛得失去了知觉。

同志们赶来,把她送进了县医院。经医生十多天的细心治疗,她的断手伤势慢慢好了一些。指挥部党委书记亲自去看她好几次,安慰她、鼓励她。同志们也都非常关心她、体贴她,给她送去鸡蛋、水果……

茵茵十分感激党和同志们对她的关怀和照顾。她忍着伤痛,在病床上给大家写了这样一封信:"亲爱的同志们,每当你们来看望我、安慰我时,给了我多么大的力量啊!我感谢同志们的关怀,感谢党给予我的温暖和鼓励。为工作受了一点伤,这算不了什么,你们不要为我分心。筑堤围湖是为了人民的幸福,我为它负点伤是光荣的。现在,我还没有牺牲,就是牺牲了也是光荣的。我还有一只手,我还能工作哩!还能为祖国的社会主义建设贡献一点力量。现在我在病床上坚持学习,我要努力做个又红又专的共产主义战士。等伤好了以后,我再和你们见面,再和你们共同劳动。"

一个月后,茵茵治好了伤,回到新建的农场工作。领导上为了照顾她,让她回家休息两个月。可是,茵茵不肯休息。少了一只手不能干别的,她要求给农场饲养两头大黄牛。

她每天早起晚睡,精心饲养两头牛。一天傍晚,她牵着牛出去吃草回来,走到半路上,那头大黄牛突然停住脚步,随你怎么拉,它也不肯走。茵茵急了,眼看天要落雨,过路的人有的都脱下衣服盖在怕打湿的东西上。茵茵想:这只牛也是怕雨淋着吗?于是她脱下自己的上衣披在黄牛背上。天黑了,一阵大雨落了下来。这时,农场的小王跑来接茵茵。小王看见茵茵浑身给雨水打得透湿,黄牛背上却披着茵茵新做的蓝花衣裳,小王被感动得流下了热泪,立即脱下自己的上衣给茵茵穿上了。茵茵微笑着,牵着两头大黄牛在雨中慢慢地走着。小王在后面赶着那头不肯迈大步的牛。

回到场里,那头在路上不肯走的牛病了,倒在牛栏里。茵茵非常着急,急得她晚饭都忘了吃,跑到畜牧站叫来了兽医。兽医诊断后留下一些草药,说是不要紧。那天晚上,茵茵就守在病牛身边,抚摸它,侍候它,喂药给它吃。两天以后,大黄牛好了,茵茵也高兴得跳起来,虽然她熬红了眼睛。

茵茵除了喂好两头牛,在春耕大忙季节,还同大家一起——只用一只手扯草、拾粪、插秧、种玉米……她真能干呀!

她还用科学方法种了一块试验田呢!她有很大的决心和信心,争取粮食丰收。农场的人都非常喜欢茵茵,大家说:"今年秋收后,我们要送茵茵上北京。"

我学会开拖拉机了

团山与果山之间有一个大湖——团山湖。它纵横六七里,湖草丛生。人们形容这里土地肥沃,说是有五尺深的肥料。湖的周围去年围起了一道新的大堤。那弯弯曲曲的大曲河,再不能穿过湖中间了,只能顺着新堤往下游流。一个新的国营农场在荒洲上建起来了。还有"铁牛"在荒地上奔驰着。这里有三百多勤劳勇敢的农场工人在歌唱今天的幸福,歌唱劳动的愉快,歌唱美好的将来。

3月10日,是我永远不能忘记的日子。这天,我第一次学会了开拖拉机,心情是何等激动啊!

我七岁时父母双亡,变成了一个可怜的孤儿。那时,在国民党反动统治下,我只得给地主放牛,吃不饱,穿不暖,经常挨打挨骂,过着牛马一样的生活。

自从来了人民的救星——共产党,把我从火坑中拯救出来,送我上学,给我吃的穿的,把我培养成为一个有一定知识、觉悟的青年;使我于1956年投入革命的怀抱(在县委会当公务员),并在1957年2月加入了自己光荣的组织——青年团。

今年1月底,团县委号召建立望城第一青少年拖拉机站,接着又看见农学院的拖拉机来支援团山湖犁田,我多么想当一名拖拉机手!我就把节约下来准备做被子的20元钱,全部捐献了,只想拖拉机站马上建成就好。

这次,党批准我到农场来,我真是高兴极了。2月26日,我光荣地走上了劳动战线——到了团山湖农场,学习驾驶拖拉机。

当我第一次爬上拖拉机驾驶台学习的时候,我真高兴得要跳起来。我坐在驾驶员的身边,专心地看他怎样操作,怎样转弯,怎样发动汽油机……老陈一面驾驶,还一面告诉我操作方法和各部分名称,我一点一滴都记在脑子里,并写在日记上。这几天,我总是睡不着觉,起来又去学习,只想早一日学会,早日为祖国出一点力量。

学习了一个星期,懂得了一些操作方法和基本知识,老陈就让我试验驾驶。他真的让出座位,站在一旁指点我。我一坐上驾驶台,心跳得很,生怕开不动,别人会讥笑;又怕没有力,转不动方向盘;还怕刹不住车,就更糟。我的心情既紧张,又快活,手脚都不由自主地颤抖起来。老陈对我说:"不要怕,要放勇敢些!"这时,我才把油门加大,把离合器向上一推,拖拉机嘎嘎地开动了。可是,拖拉机总不听我的指挥,走弯路。开了一会儿,我不怕了,心也跳得不那么厉害了,手脚也慢慢地不发抖了。这时,拖拉机也听我使唤了。在这个时候,我的心情又是多么喜悦呀!我回头望望,看到那可爱的肥沃土地,很快地被犁翻了,仿佛看见了一大片绿油油的可爱的庄稼。

今天,真有很大的收获,过得真有意义。下班以后,我脑子里一个转又一个转地想着。吃饭的时候,还好像坐在拖拉机上似的,不停地摇晃着;拿起筷子,像握住拖拉机的操纵杆一样,随手拽动。两只脚像踏在"刹车"和"油门"上,自然地踏动着。我在想,今天这样幸福,不是党的培养,又是哪里来的呢。

我一定要以实际行动,来报答党对我的亲切关怀和照顾。一定努力钻研,勤学苦练,克服一切困难,忘我地工作,争取做望城县的第一个优秀的拖拉机手。

4. 模范战士

1961年5月，雷锋作为全团候选人，被选为辽宁省抚顺市第四届人民代表大会代表。

1961年5月14日，雷锋被提升为副班长。

1961年7月27日，接到抚顺市人民委员会通知书，7月31日至8月3日出席抚顺市第四届人民代表大会第一次会议。

1961年8月，雷锋被提为运输连四班班长。

雷锋在学习技术

从 1961 年开始,雷锋经常应邀去外地作报告,他出差的机会多了,为人民服务的机会就多了,人们流传着这样一句话:"雷锋出差一千里,好事做了一火车。"

一次雷锋外出在沈阳车站换车的时候,一出检票口,发现一群人围着一个背着小孩的中年妇女。原来这位妇女从辽宁去吉林看丈夫,车票和钱丢了。雷锋用自己的津贴费买了一张去吉林的火车票塞到大嫂手里,大嫂含着眼泪说:"小兄弟,你叫什么名字,是哪个单位的?""我叫解放军,家就在中国。"

五月的一天,雷锋冒雨去沈阳,他为了赶早车,早五点多就起来,带了几个干馒头就披上雨衣上路了。路上,雷锋看见一位妇女背着一个小孩,手还牵着一个小女孩正艰难地向车站走去。雷锋想都没想,脱下身上的雨衣就披在大嫂身上,又抱起小女孩陪她们一起来到车站。上车

扶老携幼

后，雷锋见小女孩冷得直发抖，又把自己的贴身线衣脱下来给她穿上。雷锋估计她们早饭没吃，就把自己带的馒头给她们吃。火车到了沈阳，天还在下雨，雷锋又一直把她们送到家里。那位妇女感激地说："同志，我可怎么感谢你呀！"雷锋说："不要感谢我，应该感谢党和毛主席啊！"

雷锋从安东（今丹东）回来，要在沈阳转车。他背起背包过地下通道时，看见一位白发苍苍的老大娘，拄着棍，背了个大包袱，很吃力地一步步迈着，雷锋走上前去问道："大娘，您到哪去？"老人上气不接下气地说："俺从关内来，到抚顺去看儿子！"雷锋一听跟自己同路，立刻把大包袱接过来，用手扶着老人说："走，大娘，我送您到抚顺。"老人感动极了，一口一个好孩子地夸他。进了车厢，他给大娘找了座位，自己就站在旁边，掏出刚买来的面包，塞了一个在大娘手里，老大娘往外推着说："孩子，俺不饿，你吃吧！""别客气，大娘，吃吧！先垫垫肚子。""孩子"这个亲切的称呼，给了雷锋很大的感触，他觉得就像母亲叫着自己小名似的那样亲切。他在老人身边，和老人唠开了家常。老人说，她儿子是工人，出来好几年了。她是第一次来，还不知道住在什么地方哩。说着，掏出一封信，雷锋接过一看，上面的地址他也不知道。老大娘急切地问雷锋："孩子，你知道这地方吗？"雷锋虽然不知道地址，但雷锋知道老人找儿子的急切心情，就说："大娘，您放心，我一定帮助您找到他。"雷锋说到做到。到了抚顺，背起老人的包袱，搀扶着老大娘用地图找了两个多小时，才找到老人的儿子。母子一见面，老大娘就对儿子说："多亏了这位解放军，要不然，还找不到你呢！"母子一再感谢雷锋。雷锋却说："谢什么啊，这是我应该做的。"

过年的时候，战友们愉快地在一起搞各种文娱活动。雷锋和大家在俱乐部打了一阵乒乓球，就想到每逢年节，服务和运输部门是最忙的时候，这些地方是多么需要人帮忙啊。他放下球拍，叫上同班的几个同志，一起请假后直奔附近的瓢儿屯车站，这个帮着打扫候车室，那个给旅客倒水，雷锋把全班都带动起来了。

雷锋就是选择永不停歇地，全心全意地为人民做好事，难怪人们一见到为人民做好事的人就想起雷锋。因为他是我们的好榜样！

雷锋把自己的藏书拿出来供大家学习，被人们称为"小小的雷锋图书馆"。他帮助同志学习知识，同班战友乔安山文化程度低，雷锋就手把手地教他认字，学算术。同班战友小周父亲得了重病，雷锋知道后，以小周的名义给家里写了信又寄去10元钱。战友小韩在夜里的出车中棉裤被硫酸水烧了几个洞，雷锋值班回来发现后，把自己的帽子拆下来一针一针地为小韩补好裤子，轻轻地盖在他身上。知道这个情况的乔安山说："为了给你补裤子，雷锋半宿都没睡！"

雷锋在缝补衣服

1960年的一个星期天，雷锋肚子疼得很厉害，他来到团部卫生连开了些药。开药回来后，见一个建筑工地上正热火朝天地进行施工，原来是给本溪路小学盖大楼，雷锋找工地的管理员爷爷以军装作借条借了一辆小车，加入到运砖的行列中去。广播员小姐得知情况去采访他，问他为什么来，叫什么，哪个部队的。他说："我是为社会主义建设添砖加瓦，我和大家一样，只要尽了自己的一点义务，也算是有一份力尽一份力。"没有留下自己的姓名就接着干活去了。广播员广播了有位解放军战士在休息日来帮忙的这件事，工人们受到鼓舞，一个个都更卖力地干起来，还与雷锋比赛。于是这天下午提前了两个小时完成了当天的任务。他干完活还了车取了军装不留姓名就走了，其实管理员爷爷看到雷锋的军装里夹了一封他替王大力捎的信，管理员爷爷当雷锋是王大力，引起了场误会。

1960年驻地抚顺发洪水，运输连接到了抗洪抢险的命令，雷锋忍着刚刚参加救火被烧伤的手的疼痛又和战友们在上寺水库大坝连续奋战了七天七夜，把手指甲都弄破了，被记了一次二等功。

望花区召开了大生产号召动员大会，声势很大，雷锋上街办事正好看到这个场面，他取出存折上在工厂和部队攒的200元钱，跑到望花区党委办公室要捐献出来，为建设祖国做点贡献，接待他的同志实在无法拒绝他的这份情谊，只好收下一半，另100元在辽阳遭受百年不遇洪水的时候捐献给了辽阳人民，在我国受到严重的自然灾害的情况下，他为国家建设，为灾区捐献出自己的全部积蓄，平时他在劳动时却舍不得喝一瓶汽水。

1960年,雷锋先后担任了抚顺市建设街小学（即现在的雷锋小学）和本溪路小学校外辅导员。雷锋平时工作、学习都很忙，他只能利用午休时间或风雨天不能出车的日子请假到学校去找教师，同学谈心，或进行其他辅导活动。他善于团结小朋友，启发他们好好学习，天天向上。

雷锋与被辅导的孩子

　　1961年9月，全团上下一致推举雷锋为抚顺市人大代表。雷锋参加完人代会回到连里就担任了二排四班班长，在他的带领下，四班成了"四好班"，雷锋也成了全连的四好的班长。

　　一天傍晚，天下起大雨，雷锋见公路上一位妇女怀里抱着一个小孩，手里还拉着一个小孩，身上还背着包袱，在哗哗的大雨中一步一滑地走着，雷锋忙上前一打听，才知道这位大嫂从外地探亲归来，要到十几里外的樟子沟去。她着急地说："同志啊，今天雨都把我浇迷糊了，这还有孩子，我哭也哭不到家啊！"雷锋把雨衣披在大嫂身上，抱起那个大一点的孩子冒雨朝樟子沟走去，宁愿自己淋得透湿，也不让她们受罪。他们一直走了两个多小时，雷锋才把那对母子安全送到家。

雷锋入伍以来,多次立功受奖,他被选为市人大代表,出席过沈阳军区首届共青团代表会议,他的照片、日记和模范事迹,通过报纸、电台作了广泛的宣传,雷锋陆续收到来自全国各地热情赞扬他的来信,他在日记中写下了这样一段话:"我的一切都是党给的,光荣应该归于党,归于热情帮助我的同志,至于我个人做的工作,那是太少了,我这么一点点贡献,比起对我的要求和期望还是非常不够的……"

陈雅娟和雷锋正在阅览《解放军画报》

陈雅娟 是雷锋辅导过的学生,几十年来,她在平凡的工作岗位上做出了不平凡的业绩。发表多篇文章,曾被评为沈阳军区学雷锋先进个人、辽宁省学雷锋模范、辽宁省优秀党员、全国烟草专卖管理先进个人。

1962年1月27日,雷锋被批准晋为中士军衔。

1962年春节,雷锋在《前进报》发表《六二年春节写给青年同志们的一封信》,在此前后,雷锋又在《前进报》发表了《在毛主席的哺育下成长》、《我是怎样从一个苦孩子成长为毛主席的好战士的》、《做毛主席的好战士》等署名文章。

1962年2月14日,雷锋被选为党代会代表,出席中国共产党工程兵十团代表大会。

毛主席为雷锋题词

毛泽东"向雷锋同志学习"的题词,是在1963年3月1日首先发表在《中国青年》杂志的5、6期合辑上。同期还发表了周恩来总理"雷锋同志是劳动人民的好儿子,毛主席的好战士"的题词。

1962年2月19日，雷锋以特邀代表身份，出席沈阳军区首届共产主义青年团代表会议，并被选为主席团成员，在大会上发言。

1962年5月，雷锋被共青团抚顺市委评为抚顺市优秀校外辅导员。

1962年8月15日，上午八时，雷锋与战友乔安山在准备前去洗车时，雷锋下车指挥倒车，车轮打滑，碰倒了一根晾衣服的木杆，这根木杆打到了雷锋左太阳穴上，雷锋当即昏死过去，经抚顺市望花区西郊职工医院抢救无效，于十二时五分不幸英年早逝，年仅22岁。

第二部分

毛主席的好战士

1. 纪念白求恩

"一个人能力有大小，但只要有这点精神，就是一个高尚的人，一个纯粹的人，一个有道德的人，一个脱离了低级趣味的人，一个有益于人民的人。"这话给我很大鼓舞。个子小我也要尽我自己最大的力量，做到毫不利己，专门利人，向伟大的国际主义战士白求恩学习。

毛主席写的《纪念白求恩》这篇文章，我早已读悉，并为他的国际主义精神和共产主义精神感动得流出了热泪，对我的教育和启发特别之大。他那种毫不利己、专门利人的精神，鼓舞和鞭策了我的进步，使我所取得的收获不小。

白求恩同志对待自己本行业务是那样刻苦地钻研，精益求精，为人类的解放事业献出了毕生精力和整个生命。可是我呢，为党、为人民又做了一些什么呢？对照起来，我感到万分惭愧和渺小。拿自己的技术学习来说，还不是那么刻苦钻研的，学得也不够深透。但是我相信，只要再加一把油，勤学苦练，虚心学习，是一定能把汽车开好的。一旦帝国主义发动侵略战争，我们就彻底、干净、全部地把它们歼灭。

一个人活着，就应该像白求恩同志那样，把自己的毕生精力和整个生命为人类的解放事业——共产主义全部献出。我要永远站在无产阶级的立场上，永远忠于党、忠于人民、忠于保卫祖国和世界和平的伟大事业，做一个真正的共产主义革命战士。

背后的故事

《纪念白求恩》

1939年11月12日,白求恩在医治伤员时被感染,在河北唐县不幸逝世;他在生命的最后时刻,仍怀着崇敬的心情,想念着毛泽东。毛泽东得知白求恩牺牲的消息后,非常悲痛。12月1日为延安各界追悼白求恩的大会,亲笔写了挽词:"学习白求恩同志的国际精神,学习他的牺牲精神,责任心与工作热忱。"12月21日,毛泽东为八路军政

诺尔曼·白求恩

治部、卫生部于1940年出版的《诺尔曼·白求恩纪念册》撰写《学习白求恩》一文（建国后编入《毛泽东选集》第二卷时，题目改为《纪念白求恩》），高度赞扬了白求恩的共产主义、国际主义精神，号召每一个共产党员向他学习。

雷锋精神遍天下

国际主义战士

诺尔曼·白求恩是一位来自加拿大的共产主义战士，早在1935年，他便加入了加拿大共产党，随后不久便投身于西班牙反法西斯斗争。

中国抗日战争爆发后，为了援助中国人民的解放事业，1938年，他受加拿大共产党和美国共产党派遣，率领一个由加拿大人和美国人组成的医疗队来到延安。8月，任八路军晋察冀军区卫生顾问，悉心致力于改进部队的医疗工作和战地救治，降低伤员的死亡率和残废率。把军区后方医院建设为模范医院，组织制作各种医疗器材，给医务人员传授知识，编写医疗图解手册。倡议成立了特种外科医院，举办医务干部实习周，加速训练卫生干部。组织战地流动医疗队出入火线救死扶伤。为减少伤员的痛苦和残废他把手术台设在离火线最近的地方。

1939年10月下旬，白求恩在涞源县摩天岭战斗中抢救伤员时，不慎将左手中指割破，受到感染，可是他依然坚持在第一线，最后终因伤势恶化，转为败血症，医治无效，于11月12日逝世。弥留之际，他握着周围同志的手说："请转告毛主席，感谢他和中国共产党给我的帮助。我相信，在毛主席的领导下，中国人民一定会获得解放。"

为了悼念这位伟大的共产主义战士，毛泽东同志专门撰写《纪念白求恩》一文，高度赞扬了白求恩的共产主义、国际主义精神，号召每一个共产党员向他学习。

雷锋和战友们在学习

2. 全心全意为人民服务

事事大公无私，处处从党和人民的利益出发，全心全意为人民服务，决不让有一点肮脏的个人利益低级趣味的东西来玷污自己。向白求恩学习，做一个毫不利己、专门利人的人，为共产主义奋斗终身。

一个人，只要大公无私，处处从党和人民的利益出发，兢兢业业为党工作，老老实实为人民服务，就是一个有益于人民的人。

一个人只要他不存私心，时时刻刻考虑人民的利益，全心全意地去为人民服务，他就能成为一个道德高尚的人。

雷锋精神遍天下

雪域歌手

著名歌手韩红凭着一曲《青藏高原》走红，佳作不断，可是除此之外，她还是一位热心公益的艺术家。

早在2003年，韩红参加在美国夏威夷举办的世界女领导人峰会，大力宣传西藏文化，为西藏争取了每年五个在美国杨百翰大学免费学习的名额。之后，她便开始了公益之路。

2004年，韩红参加了一系列的救助失聪儿童的募款活动，并前往偏远老区进行一系列的救助失学儿童的捐款、捐物的活动。2005年，韩红在香港政府大球场参加以"爱心无国界演艺界大汇演"为主题的海啸赈灾义演活动，并向联合国儿童基金会捐款10万元，此举受到联合国儿童基金会的表彰。

作为一名藏族歌手,韩红无时无刻不在关注藏族的同胞。2005年,韩红作为发起人,参加"香港西藏儿童教育健康基金会"募款活动,取得巨大成功,被中国西藏儿童健康教育基金授予"中国西藏儿童健康教育基金大使"。2011年,她又发起的"韩红爱心北汽太阳花西藏家乡公益行",在昌都举行捐赠仪式,宣布为昌都地区捐建一所为当地老百姓治疗白内障的复明医院以及一所为当地群众普及医疗常识、提高健康意识的"健康之家"。

而作为一名中国人,韩红不仅关注西藏,也关注其他地区需要帮助的人。她先后参加过"中国的温暖"关注艾滋病致孤儿童奉献爱心公益行动,"希望工程全面升级全面启动"公益活动,"春暖2007,大地之爱·母亲水窖"公益晚会,自己捐赠100口母亲水窖,"集善嘉年华"为2008年北京残奥助威,为中国残疾人体育代表团加油的慈善活动……

2008年,汶川地震发生后,她立刻发起了"韩红爱心救援行动",号召大家为灾区捐款捐物,组织救援队先后五次奔赴重灾区,慰问受灾群众及救援部队,并为灾区捐赠物资。

"百人援藏"、"百人援蒙",每一年她都会发动大规模的援助活动。韩红,不仅是一位优秀的艺术家,还是一位热衷公益的慈善家。

3. 做一个对人民有用的人

加强工作责任心，对同志对人民要忠诚，要热情，要关心，要互相帮助。

一个革命战士必须具有把一切献身于无产阶级革命事业的崇高理想。

不但要有好的思想，而且还要有高超的技术，才能更好地为人民服务。

我活着就要做一个对人民有用的人。

一、学习毛主席的立场、观点、方法。
二、学习毛主席著作要分析当时历史背景。
（一）分析每篇文章对当时革命运动起了什么作用。
（二）主席为什么分析这个问题。
（三）主席在文章中提出几个什么观点。
（四）主席的方法论是什么。
（五）联系个人写心得体会。

……以实际问题为中心，按毛主席的指示办事。
学习公式：
问题——学习——实践——总结。
一、学习毛主席著作与改造自己的思想相结合，树立全心全意为人民服务的思想和辩证唯物主义世界观。

二、学习毛主席著作与改进自己的工作相结合。

三、学习毛主席著作与搞好训练和提高技术相结合,指导自己学习技术。

四、学习毛主席著作与学习国内外形势和党的方针任务、政策相结合。

雷锋精神遍天下

自强不息

童第周出生在浙江省鄞县的一个小村里,家庭生活十分贫困,可是他自强不息,始终坚持学习,终于在17岁时考进了宁波师范预科。

可是,因为基础太差,童第周成绩很不理想,第一学期考试成绩总平均分没有及格,学校让他退学或降级,经童第周再三请求,学校勉强答应试读半年。童第周发誓,一定要把成绩赶上去。童第周坚持顽强地学习,终于取得了好成绩,并考入上海复旦大学,之后他更加勤奋学习,成为了生物系的高材生。

1930年童第周远渡重洋,来到比利时的首都布鲁塞尔,研究胚胎学。当时外国留学生对中国人抱着一种藐视的态度,童第周憋着一股气,在日记中写下了自己的誓言:"中国人不是笨人,应该拿出东西来,为我们的民族争光!"

在不懈的努力下,童第周取得了优异的成绩,震动了欧洲的生物界,获得了博士学位。随后,他谢绝了专家和同学们的挽留,毅然回到了灾难深重的祖国。在这艰苦的环境中,撰写了一篇篇具有学术价值的论文,震惊了国内外生物界的学者。他为祖国科学事业的振兴,实践了他的誓言:"愿效老牛,为国捐躯!"

4. 理论联系实际

我深切地认识到：要想成长进步，要为党做更多的工作，就必须认真读毛主席的书，听毛主席的话，照毛主席指示办事，才能做毛主席的好战士。

理论学习如果脱离实际，即使学得烂熟，但是表里不一，言行不一，仍然不能很好地改造思想，所以理论学习应该联系实际，改造思想。我决心要把毛主席的思想学到手，定要使毛主席的光辉思想在我的脑海里扎根，在我的一切实际行动中开花结果。

"虚心使人进步，骄傲使人落后。"……（我）只是沧海之一粟，更应该虚心向群众学习。我一定要紧紧依靠党，依靠群众，永远做群

雷锋和战友们在学习

众的小学生，永远听党的话，忠于党的事业，做毛主席的好战士。

> 背后的故事

理论联系实际

毛泽东以毕生精力钻研马克思主义，其目的是为了解决中国革命和建设的实际问题。他强调："对于马克思主义的理论，要能够精通它、应用它，精通的目的全在于应用。"

马克思、恩格斯、列宁反复强调，他们的理论不是教条，而是行动的指南。毛泽东遵循这一原则，在把马克思列宁主义普遍原理同中国革命具体实际相结合的过程中，在反对主观主义特别是教条主义的斗争中，对理论联系实际的思想作了深刻的论述和发挥。他指出，是否坚持理论联系实际，是对待马克思列宁主义的态度问题。理论联系实际，对于中国共产党人来说，就是应用马克思列宁主义的立场、观点、方法，对中国的历史实际和革命实际进行认真研究，正确地解释历史中和革命中所发生的实际问题，从中引出规律，作为行动的向导。这种态度，就是有的放矢、实事求是的态度，是一个共产党员起码应该具备的态度。它同理论与实际相分离的主观主义态度是根本对立的。

在长期的革命斗争中，理论联系实际成为了中国共产党三大优良作风（理论联系实际、密切联系群众、批评和自我批评）之一。

> 雷锋精神遍天下

气象学家叶笃正

叶笃正，出生在清末民初，这时的中国，积贫积弱，无数仁人志士致力于向西方寻求救国之道，叶笃正正是受了他们的影响，从小立志要为中国的强盛做出贡献。

1948年获得芝加哥大学博士学位。留美学习期间，他在欧美多种著名杂志上发表了多篇重要论文，受到各国气象学界的重视，成为世界著名的气象学家。1949年，新中国成立，身在异乡的叶笃正当时义无反顾地作出了回国的选择。他对导师罗斯贝说："我觉得新中国是有希望的，我想为自己的国家做点事。"

回国后，叶笃正被任命为中国科学院地球物理研究所北京工作站主任，开始了艰苦的创业。他培养了一批又一批年轻的气象工作者。又和竺可桢、赵久章等科学家一道建立起中国自己的气象科学体系。

鉴于叶笃正先生在气象科学方面所取得的重大成就，他在20世纪80年代还先后当选了芬兰科学院的外籍成员、美国气象学会荣誉会员和英国皇家气象学会会员。1987年，国际科学联盟理事会更是任命他为国际地圈生物圈计划特别委员会委员。

即使年逾九旬，叶老依然孜孜不倦地学习、工作，他说："我这么大年纪的人，应该早就老朽了，早就应该退位了，我想要把这事情搞起来，必须要找一群人来做这个事，不能对不起国家。"

虽然他在气象学界取得了极高的成就，然而，叶老却从不认为自己是权威，总把自己的成绩归功于他人，他经常说："个人离不开群众，荣誉归于大家，要感谢舞台，因为舞台是大家给的；要感谢大家，因为单人唱不成戏，配角甚至更光彩……"

5. 学习《整顿党的作风》

对于马克思主义的理论，要能够精通它、应用它，精通的目的全在于应用。

坚决听毛主席的话，努力学习马克思主义的理论，并做到理论联系实际，改造思想，做好各种工作。

背后的故事

《整顿党的作风》

1942年2月1日，毛泽东在延安中央党校开学典礼大会上作了《整顿党的作风》的报告，使中国共产党自1941年以来开展的整风运动进一步向纵深发展。这次运动的主要内容是反对主观主义以整顿学风，反对宗派主义以整顿党风，反对党八股以整顿文风。党的高级干部还讨论了党的历史问题。

雷锋精神遍天下

霞蔚长空警魂不朽

在河南省郑州市，一提到任长霞，人们都会竖起大拇指，夸赞道："这是我们的女包公，任青天。"

任长霞，1964年生于河南省商丘市，1983年加入公安队伍，一直到2004年因公牺牲，她在平凡的岗位上做出了不平凡的事迹。在她短暂的一生中，她获得了一个又一个奖章，曾荣立个人一、二等功各一次，三等功四次，荣获全国"五一"劳动奖章、"全国青年岗位能手"、"中国十大女杰"、"全国三八红旗手"、"全国优秀人民警察"、"河南省优秀人民警察"等称号四十余次。

2001年,任长霞调任登封市公安局局长,成为河南省公安系统有史以来的第一位女公安局长。当时面临的形势非常艰难:民警队伍涣散,积案堆积如山,群众怨声不断,行风评议年年倒数第一。她深入基层调查摸底,跑遍了登封十七个乡镇区派出所,找到了存在问题的症结所在。随即从"从严治警"入手,令民警的精神面貌为之焕然一新。在整顿队伍、严肃警风的同时,任长霞将全部精力集中到了破大案、破积案,打响了一场又一场攻坚战,面对辉煌的战绩,干警和群众服了。大家都说:"咱登封来了个女神警,案发一起就破一起。"任长霞被广大人民群众赞誉为"任青天"、"女包公"。

任长霞也有美满家庭、儿女亲情。她爱丈夫、爱儿子,但不能享受天伦;孝敬父母,但不能床前尽孝。每当想到患病瘫痪在床的父亲那痛苦的呻吟,看到儿子那殷殷期待的目光,想起丈夫对她工作无言的支持,她常常深感内疚。2002年春节,为确保全市人民度过一个祥和安宁的节日,任长霞无暇回家,给上访老户送去了米面,到几十名业务骨干家中拜年,在街面上查看执勤情况。

2001年5月3日,登封市大冶镇西施村煤矿发生特大瓦斯爆炸事故,十三名矿工遇难。任长霞在处理这起事故中,得知11岁的女孩刘春玉的父亲遇难,母亲也因心脏病突发去世,刘成了一名孤儿,她便毫不犹豫地承担了小春玉生活和学习的全部费用。小春玉对记者说:"任妈妈让我重新得到了母爱,我为有这样的好妈妈感到骄傲!"为了使更多的孩子得到救助,2002年1月,任长霞向民警发出倡议,在全局开展了"百名民警救助百名贫困学生"活动。

6. 支援祖国的建设

毛主席著作对我来说好比粮食和武器，好比汽车上的方向盘。人不吃饭不行，打仗没有武器不行，开车没有方向盘不行，干革命不学习毛主席著作不行！

毛主席指示我们："要提倡勤俭建国。要使全体青年们懂得，我们的国家现在还是一个很穷的国家，并且不可能在短时间内根本改变这种状态，全靠青年和全体人民在几十年时间内，团结奋斗，用自己的双手创造出一个富强的国家。社会主义制度的建立给我们开辟了一条到达理想境界的道路，而理想境界的实现还要靠我们的辛勤劳动。有些青年人以为到了社会主义社会就应当什么都好了，就可以不费气力享受现成的幸福生活了，这是一种不实际的想法。"

毛主席的话给了我深刻的教育和启发。根据我国目前的情况来看，还存在着许多困难。……为着克服这些困难，都要十分地听党和毛主席的话，一切做长期打算……注意节约。

今天，司务长发给我两套单军衣和两套衬衣，我只各领了一套，剩下那两套衣服交给了国家，以减少国家的开支，支援祖国的建设。

雷锋精神遍天下

勤俭朴素的周总理

周恩来总理一生都坚持过着朴素的生活，生怕有一丝一毫的浪费。作为国家总理，他的外事活动多，他要求自己的衣着"一定要能表现出中国人的脸孔",但是衣料"不要进口的,必须用国产的"。几十年如一日,他的所有衣服都是国产货。他穿衣讲究规矩严整、清洁平展,所以他给人的印象总是衣冠楚楚、风度翩翩。但他的内衣内裤却都是补丁摞补丁。有一件睡衣,他1949年进城时就穿的,磨破了就补,补了再穿,最后补丁摞补丁,一直穿到他去世也舍不得买新的。

周总理的饮食很简单,主食每周必吃两顿玉米面和高粱米等粗粮,一般是一荤一素一汤。按他和邓颖超的规定:从1958年开始,他们的主食至少要吃1/3的粗粮。三年困难时期,他们规定不吃肉、不吃蛋、吃粮不超标,粗粮比例提高到1/2以上。国家完全渡过难关,到了1964年夏收之后,细粮的比例才提高,但也是只吃糙米,不吃精米。

周总理吃饭反对铺张浪费。他多次交代随行人员:"一切按标准吃,按标准付钱。""不准吃山珍海味,不许摆水果摆糖,发现摆了要撤回去。"吃饭时,偶尔洒到桌上一粒米,他必要捡起来放嘴里。吃完饭,他必把盘子里剩的菜汤用开水冲一冲喝掉。上顿吃剩的饭菜,下顿一定要热热继续吃,决不许倒掉。

建国十年时,国务院还没有一个像样的办公地点。一些部委领导提议修建政府办公大楼,周总理不同意,他说:"那不是当务之急,利用中南海旧有的房屋,不是一样可以开会办公吗?"因为国家还很穷、人民很苦,不能讲排场,"你们不要再鼓动我了。"在筹备建国十周年庆典的时候,有关部门又把修建方案报到他那里,他坚决不予批准。他严肃地说:"只要我当总理,你们就要把大兴土木的念头取消,国务院不能带这个头。"

7. 勇于面对艰难曲折

毛主席说:"任何新生事物的成长都是要经过艰难曲折的。在社会主义事业中,要想不经过艰难曲折,不付出极大努力,总是一帆风顺,容易得到成功,这种想法,只是幻想。"

"共产党所以能够领导人民群众,正因为,而且仅仅因为,它是人民群众的全心全意的服务者,它反映人民群众的利益和意志,并努力帮助人民群众组织起来,为自己的利益和意志而斗争。"

我是在1958年夏开始学习毛主席著作的。经过学习,提高了阶级觉悟,武装了头脑,增强了本领。我在学习过程中,始终坚持用学习到的理论、观点对照联系自己的思想、劳动和周围的一切实际事情。这么一联系,不仅加深了对理论的理解,而且更有助于政治理论的提高。如通过学习毛主席所写的《中国社会各阶级的分析》和《关于正确处理人民内部矛盾的问题》这两篇文章,我清楚地明白了,不同的阶级有不同的立场,对同样一件事情,不同的阶级就有不同的看法和说法。……今后,我还要更好地学习,更好地为党的事业而奋斗。

背后的故事

《关于正确处理人民内部矛盾的问题》

这段话,出自毛泽东同志在最高国务会议第十一次(扩大)会议上的讲话。后来毛泽东根据原始记录加以整理,作了若干补充,1957年6月19日在《人民日报》发表。全文阐述了十二个问题,贯穿全文的基本思想是:把正确区分和处理人民内部矛盾,作为社会主义国家政治生活的主要内容。文章指出，社会主义社会的基本矛盾仍然是生产关系和生产力之间的矛盾，上层建筑和经济基础之间的矛盾。但同阶级对抗社会的矛盾根本不同，它是一种又相适应又相矛盾的情况，不具有对抗性，可以经过社会主义制度本身，不断地得到解决。

毛泽东全面地分析了各种类型的人民内部矛盾，系统地论述了正确处理各种矛盾的方针政策。指出，要用民主的方法，用"团结—批评—团结"的公式，作为从政治上处理人民内部矛盾的原则；解决经济领域中的矛盾，应依据发展生产，统筹安排，兼顾国家、集体和个人三者利益的原则；科学文化上的问题，应采取"百花齐放，百家争鸣"的方针；民族关系中的矛盾，应采取加强民族团结，帮助各少数民族发展经济文化的方针；在与民主党派关系上，应实行"长期共存，互相监督"的方针等。毛泽东对社会主义社会基本矛盾的论述，特别是关于两类不同性质矛盾的观点，以及处理人民内部矛盾的原则、方针和方法，为马克思主义政治学说史增添了新的内容，对探索社会主义社会的规律，具有重大的理论价值。

雷锋精神遍天下

俯首甘为孺子牛

牛玉儒同志是内蒙古自治区的一位党员干部，在他三十多年的革命生涯中，忠诚党的事业，忠于党和人民，忠实地为内蒙古各族人民谋利益，赢得广大干部群众的普遍赞誉。

牛玉儒同志曾经在包头担任领导工作，在此期间，他针对包头市当地的经济形势和地区特色，抓住契机，深化改革，成功地推出一批现代企业。同时，他用经营城市的理念进行城市改造和建设，实施了一大批城市基础设施建设工程，使城市面貌和人居环境发生了显著变化。

在自治区政府工作期间，牛玉儒同志分管西部大开发、对外开放、商贸流通和政法等方面的工作。有效地促进了西部大开发的深入开展，在经济方面颇有建树。使当地的经济快速发展，社会面貌发生巨大的变化，人民生活水平不断提高。在他生病住院治疗期间，仍心系事业，忘我工作，忍受着病痛的折磨，他把毕生精力奉献给了他所热爱的事业，奉献给了他所热爱的人民，奉献给了他深深眷恋的草原，直到生命的最后一息。

8. 一切反动派都是纸老虎

毛主席说:"原子弹是美国反动派用来吓人的一只纸老虎,看样子可怕,实际上并不可怕。当然,原子弹是一种大规模屠杀的武器,但是决定战争胜败的是人民,而不是一两件新式武器。"

通过学习,大家提高了认识,端正了态度。……因此在防原子操练中,大家干劲十足,信心百倍,操作认真。虽然在零下二十多度的野外练习防原子,但没有一个人叫苦的。我看到同志们那种苦练硬功夫的劲头,真高兴极了。

背后的故事

一切反动派都是纸老虎

安娜·路易斯·斯特朗,是一位美国进步记者,她年青时就积极参加进步的社会活动,从事儿童福利和社会工作,积极反对帝国主义的第一次世界大战。

斯特朗一生追求真理,向往革命,她曾在苏联居住近三十年,其间,先后访问过西班牙、中国、墨西哥、波兰等国,满怀热情地报道了那里人民的革命斗争。从1925年第一次访华到1970年在北京逝世,她共访问中国六次,并在中国度过了一生中的最后一段时间。斯特朗热情支持中国人民的独立和解放事业,在近半个世纪的漫长岁月里,她总是在中国革命的关键时刻来到中国,同中国人民同呼吸、共命运,赢得了中国人民的友谊和尊敬,成为中国革命的见证人。

雷锋精神遍天下

中国人民的好朋友

尾山宏是日本著名律师。

这个如今连睫毛都花白的老人,作为中国战争受害者的代理律师,从 1963 年起参与了四十年来所有的对日诉讼案件:历时 32 年的"教科书诉讼案"、"山西慰安妇案"、"731 人体试验案"、"南京大屠杀"、"浙江永安无差别轰炸案"、"刘连仁劳工案"、"李秀英名誉权案",以及"遗弃化学武器及炮弹案"……

尾山宏等日本律师成立的"中国人战争受害者索赔要求日本律师团",无偿代理这些诉讼,并自行垫付一切费用,此外他们还多次自掏腰包将中国受害者接到日本东京出庭。他们大多数生活条件很一般,连车都没有。将大部分精力投注在诉讼案件上的尾山宏,只能以为企业做法律顾问养家糊口。

尾山宏的举动触怒了日本国内右翼势力。许多人给他发来恐吓信,还经常在半夜里打恐吓电话……但尾山宏对此不屑一顾:"他们越猖狂越表明自己心虚。"

但尾山宏的举动受到了中国乃至全世界的尊重,人们称他"是一个为正义而同那些丧失记忆的人进行抗争的斗士",而他所代理的诉讼"不仅贡献于中国和日本,而且贡献于全人类"。

他自己说:"勇于忏悔自己国家的罪行,才是真正的爱国心;一个有良心的国家应该正视历史、进行道歉、做出赔偿,而非极力否认、设法掩盖;唯此才能得到世界人民的尊重。"

9. 愚公精神

学习愚公不怕困难,敢于斗争,敢于胜利的精神。

愚公能挖掉两座大山,我有恒心克服各种困难,学习好毛主席著作和军事技术,把自己锻炼成为一个又红又专的共产主义革命战士,更好地为人民服务,为人类的解放事业——共产主义而贡献自己的一切。

背后的故事

中共七大的召开

在抗日战争即将取得胜利的前夜,1945年4月23日至6月11日,中国共产党第七次全国代表大会在延安召开。这次会议一个重大历史功绩是确定了党的政治路线,即"放手发动群众,壮大人民力量,在我党的领导下,打败日本侵略者,解放全国人民,建立一个新民主主义的中国"。

毛泽东在中共"七大"作闭幕词时,用了这个典故。他说:"现在也有两座压在中国人民头上的大山,一座叫做帝国主义,一座叫做封建主义。中国共产党早就下了决心,要挖掉这两座山。我们一定要坚持下去,一定要不断工作。我们也会感动上帝的。这个上帝不是别人,就是全中国的人民大众。""愚公移山"从此成为表现中国共产党人坚韧不拔,不懈奋斗精神的典型用语和口号。解放之后,它又发展成"愚公移山,改造中国",成为鼓舞全国人民改变中国一穷二白落后面貌的动员口号。

雷锋学习《毛泽东选集》

<u>雷锋精神遍天下</u>

新时代的愚公

在太行山深处，有一个叫做回龙村的小村子，全村不到一千人，竟被四十多道山梁隔离成十七个自然村。过去，由于没有路，山上群众下不了山，山上的瓜果、药材和矿石运不出山，山上吃粮靠人挑肩扛，群众穷的是"穿不上衣裳，吃不上面"。

1993年，张荣锁当上支部书记后，制定了"先架电、后治坡，修通公路通汽车"的计划。因为没有启动资金，他无偿捐出自己当支书前在外面干企业挣来的上百万家产。在架电、治坡两大任务先后完成后，1997年，张荣锁又带领一百五十名党员和民兵向大山宣战，决心修通阻隔山上山下的公路。他们拦腰斩开了九座山头，在绝壁上修了八公里盘山水泥公路，在百丈悬崖中凿出了一千多米的"S"型隧道，终于在2002年年初打通了回龙村通往山外的公路。

有人问他："修路这么难，不仅花光了你的家产，还有这么多人牺牲，你有没有后悔过？"张荣锁说："我是一名党支部书记，还是一名退伍军人，我在部队的经历告诉我，越是困难的时候越要坚持。当村里修路已经'弹尽粮绝'的时候，我不作出牺牲，谁作出牺牲？虽然，退伍返乡后，经商、办企业挣了一百多万元，但群众都过着穷日子，我心里也难受。这样，把钱用在群众身上，用在大家急需的地方，值！"

在日常生活中，张荣锁是个热心肠子，当了八年村支书，张荣锁接济帮扶的钱物有多少，为乡亲排过多少忧难，谁也说不清。可山乡父老，把这一桩桩一件件都看在眼里，记在心中，夸在口上。如今，张荣锁又开始描绘回龙的前景蓝图：依托真武观和山区人文、自然景观发展旅游业；在山上广育果园，搞果品加工；还要规划回龙新村……

10. 做一个真正自觉的无产阶级革命战士

我学了毛主席的《中国社会各阶级的分析》的文章，受到了很大的教育。拿目前来说，我国虽然已经是社会主义社会，但是在国际上还有帝国主义存在，在国内还有阶级斗争存在的时候，阶级分析这个马克思列宁主义的斗争武器，就决不会过时。我们每一个革命同志，必须认真用它来武装自己的头脑，做一个真正自觉的无产阶级革命战士。

背后的故事

关于《中国社会各阶级的分析》

1925年，国共两党合作推动的中国人民反帝反封建的革命正在蓬勃发展，并逐渐形成了大革命的高潮。而广东革命根据地统一，则为举行北伐战争准备了较为巩固的后方基地。

当时，中国的革命势力和反革命的势力正酝酿着一场大决战。在这一革命的紧急关头，中国社会的各阶级都有自己的表现，反映出其对待革命的态度。同时，革命统一战线内部无产阶级同资产阶级争夺领导权的斗争也日益尖锐。国民党内部分化加剧，除原有的老右派外，又出现了以蒋介石、戴季陶等为首的新右派。他们鼓吹阶级调和，反对马克思主义的阶级斗争学说，反对中国共产党领导工农群众进行阶级斗争，并借此在统一战线中排挤和打击共产党。而当时在中共党内也出现了一些模糊认识和错误倾向。第一种倾向，以陈独秀为代表，只注意同国民党合作，忘记了农民，这是右倾机会主义。第二种倾向，以张国焘为代表，只注意工人运动，同样忘记了农民，这是"左"倾机会主义。这两种机会主义都感觉自己力量不足，而不知道到何处去寻找力量，到何处去取得广大的同盟军。

国民革命的兴起和统一战线中争夺革命领导权的斗争日益激化等新情势，都迫切要求中国共产党人对中国革命前途的基本问题——革命领导权、动力、对象，及革命前途等有清醒的认识，作出马克思主义的回答。在这样的形势下，毛泽东于1925年12月写出了这篇文章。

这篇文章的重要意义在于初步提出了新民主主义革命的基本思想。毛泽东运用马克思主义的阶级分析的方法，结合中国革命的具体实践，论述了中国革命的对象、动力、性质和前途等一系列问题，为探索新民主主义革命的理论作出了杰出的贡献，为党领导中国新民主主义革命的实践提供了理论指导。它标志着毛泽东思想的萌芽。

雷锋精神遍天下

军魂不死的神威将军

杨业功是我国第二炮兵某基地原司令员。入伍四十多年来，他牢记军人的神圣职责和历史使命，奋发向上，争先创优，特别是走上基地领导工作岗位后，殚精竭虑，忘我工作，为部队现代化建设跨越式发展和军事斗争准备呕心沥血，拼搏进取，做出了突出成绩。

杨业功一生始终保持艰苦奋斗的政治本色，生活简朴，清正廉洁，秉公用权，不谋私利，在官兵中树立起良好的形象。把每一分炽热都献给他所热爱的军营，献给他所追求的导弹事业，献给祖国的和平与安宁，始终牢记着一名当代军人的神圣使命，是因为他把国家的安全和统一看得比一切还重要。正如他自己所说，使命高于生命，责任重于泰山。

正是有着这样强烈的使命感、责任感，杨业功始终以临战的姿态、实战的标准和"倒计时"的紧迫感，倾心打造让党和人民放心的过硬"铁拳"——新型战略导弹部队。正是有着这样强烈的使命感、责任感，杨业功始终胸怀国家安全大局，身处太平盛世，不忘国家安危。

在他的家里，常年放着两个随时准备出发用的旅行包：一个装满了军服、军鞋和日用品；一个装满了军事书籍、军事地图和办公用品。他生活中的"三件宝"，是大衣、水壶、方便面。用他的话说，"水能解渴，衣能御寒，面能充饥，有了这'三件宝'，就不会耽误时间，就随时都能出征。"军人的忧患意识，令杨业功从不让眼前的和平安宁景象麻痹自己的神经，从不让歌舞升平的生活消磨自己的斗志。他以自己的超人毅力与病魔斗争，与时间赛跑；他用自己的身先士卒，锤炼拉得动、冲得上、打得赢的精兵劲旅，率部队出色完成了一系列重大军事行动。

使命、责任，能够焕发激情，能够激励斗志，能够成就大业。强烈的使命感、责任感，是杨业功报效祖国、献身国防、建功立业的动力之源。

11. 自己动手，丰衣足食

"自己动手，丰衣足食。"
自力更生，立于不败之地。
我们的社会主义建设也是如此。

> 背后的故事

《论军队生产自给，兼论整风和生产两大运动的重要性》

这篇文章，是毛泽东在 1945 年 4 月 27 日为延安《解放日报》写的社论。社论总结了过去几年来，我们的军队在遭受极端物质困难的状况之下，在分散作战的状况之下，自己动手，自力更生，并发动广大群众自力更生的积极性，解决实际困难的事迹，并号召广大干部群众，继续发挥艰苦奋斗的精神，为迎接抗日战争胜利做好准备。

> 雷锋精神遍天下

通天之路上的英雄

这是世界上海拔最高的高原铁路：铁路穿越海拔 4000 米以上地段达 960 公里，最高点海拔 5072 米。

为了青藏铁路早日通车，建设者们战严寒、斗烈日，风天一身土，雨天一身泥，连续奋战六个春秋，终于在地球的第三极产生了一个世界奇迹"天路"，这条"天路"不仅拉近了西藏与内陆省市的距离，也接通了与世界同步发展的轨道。

工程建设主要面临三大难题的挑战：一是多年冻土。线路经过的连续多年冻土区长达550公里，另有部分岛状冻土、深季节冻土、沼泽湿地和斜坡湿地。此外，沿线地震、崩塌、滑坡、泥石流、风沙、雷电等灾害严重。复杂的地质条件对设计和施工技术提出了很高要求。二是高寒缺氧。铁路沿线地处雪域高原，线路位于海拔4000米以上的地段960公里，占线路总长的84%，翻越唐古拉山的铁路最高点海拔5072米（世界上已建铁路最高点是4817.8米）。沿线空气稀薄，氧气只有海平面的50-60%，年平均气温在0°C以下，极端最低气温为-45°C，属于"生命禁区"，对参建人员是严峻考验。三是生态脆弱。由于特殊的地理环境和严酷的气候条件，生态环境一旦受到破坏，短期内极难恢复，具有不可逆转性，对环境保护工作提出了严格要求。

　　青藏铁路从柴达木盆地的格尔木南行攀上昆仑山，穿可可西里，过风火山，翻越唐古拉山，进入西藏的安多、那曲、当雄，到西藏自治区首府拉萨，全长1142公里。随着铁路开进西藏，人流、物流、信息流将加快流动，将为西藏带来现代文明。因此，从某种意义上说，绵延千余公里的青藏铁路是高原人民的幸福路、团结路，是可与长城相媲美的伟大工程。

12. 我是人民的子弟兵

今天我学习了毛著,主席有一段话,对我的教育最深刻,启发最大。

毛主席说:"紧紧地和中国人民站在一起,全心全意地为中国人民服务,就是这个军队的惟一的宗旨。"

我是人民的子弟兵,一定要永远牢记党和毛主席的教导,无论什么时候,都要关怀爱护人民群众的利益,为人民群众的利益而战斗不息。

我们的党、政府和全国人民对革命军人的关怀和照顾,是无微不至的。作为一个革命战士的我,是多么的自豪啊!但是我不能骄傲,一定牢牢记住党和人民对我的委托,努力学习,积极工作,英勇战斗,保持和发扬人民军队的优良传统。……

雷锋与战友们(前排右二)

雷锋精神遍天下

排爆专家王百姓

王百姓，是全国知名排爆专家，他从1969年参军至1985年转业到河南省公安厅至今，已经在爆破、防爆和排爆这个令人肃然的岗位上工作了37年，他历尽艰险，出生入死，被人们称作"和死神打交道的人"。但他始终恪守着这惟一不变的事业，从黑发，到白头；从平凡，走向崇高！

王百姓从部队转业到公安厅后，一直负责爆炸物品安全管理工作。几十年来，王百姓利用业余时间加班加点认真学习，研读各类专业书籍，在科研领域取得了丰硕成果，得到了外国专家的认同和称赞。

老百姓都知道王百姓是为老百姓办事的好警察，所以在公安厅每天找王百姓办事的人最多。这些人多数是农民、下岗职工和需要帮助的学生等弱势群体。凡是找王百姓办事的人，他都热情接待，管吃管住，尽力帮助解决、反映问题和困难，从没有无故推走一个老百姓。他说："我是人民警察，不能伤人民的心。为了人民警察这个称呼，为了共产党员的形象，凡是群众找我办事的，我能办的都尽力去办，不能办的给群众出个主意，想个办法。"

王百姓还经常资助一些特困户、特困学生。他村里有一农民，家里很困难，盖房时缺资金，王百姓就给他送去了2000元。听说煤炭管理学院几个学生一月只有75元的生活费，他就和爱人商量，把国家奖励的5000元奖金捐给了这五名学生。类似这样的事很多，但他很少在领导和同志们面前提起，他说：人民好比舟下水，干部好比水上舟，身下有水能行舟，身下无水落沙丘。我作为一名共产党员，人民的困难就是我的困难，我不帮忙谁帮忙。

13. 虚心使人进步，骄傲使人落后

今天，我认真学习了一段毛主席著作，其中有两句话对我教育最深。毛主席教导我们说："虚心使人进步，骄傲使人落后。"这是千真万确的真理。过去，我在一切言论或行动中，按主席的教导做了，因此我进步了；现在，我仍要牢记主席的这一教导，坚决努力，要求自己更好地做到这一点。

毛主席说："没有满腔的热忱，没有眼睛向下的决心，没有求知的渴望，没有放下臭架子、甘当小学生的精神，是一定不能做，也一定做不好的。"

我在党和毛主席的不断哺育和教导下，健康地成长起来。由于政

1959年1月，雷锋与鞍钢化工总厂门型吊车组成员合影

治觉悟的不断提高，树立了为共产主义而奋斗的大志，在工作和学习中取得了一点点成绩，这应该归功于党，归功于帮助我的同志们。我一定永远牢记毛主席的教导，永远做群众的小学生。

雷锋精神遍天下

热爱学习的毛主席

伟大领袖毛主席，是一位非常爱读书学习的人。作为国家领导人，毛主席一直很忙，可他总是挤出时间，哪怕是分分秒秒，也要用来看书学习。他的中南海故居，简直是书天书地，卧室的书架上，办公桌、饭桌、茶几上，到处都是书，床上除一个人躺卧的位置外，也全都被书占领了。

为了读书，毛主席把一切可以利用的时间都用上了。在游泳下水之前活动身体的几分钟里，有时还要看上几句名人的诗词。游泳上来后，顾不上休息，就又捧起了书本。连上厕所的几分钟时间，他也从不白白地浪费掉。一部重刻宋代淳熙本《昭明文选》和其他一些书刊，就是利用这时间，今天看一点，明天看一点，断断续续看完的。

毛主席外出开会或视察工作，常常带一箱子书。途中列车震荡颠簸，他全然不顾，总是一手拿着放大镜，一手按着书页，阅读不辍。到了外地，同在北京一样，床上、办公桌上、茶几上、饭桌上都摆放着书，一有空闲就看起来。

毛主席从来反对那种只图快、不讲效果的读书方法。他读书一篇篇都要仔细琢磨，认真钻研，从词汇、句读、章节到全文意义，哪一方面也不放过。他看过的《红楼梦》的不同版本差不多有十种以上。一部《昭明文选》，他上学时读，五十年代读，六十年代读，到了七十年代还读过好几次。他批注的版本，现存的就有三种。

一些马列、哲学方面的书籍，他反复读的遍数就更多了。《联共党史》及李达的《社会学大纲》,他各读了十遍。《共产党宣言》《资本论》、《列宁选集》等等,他都反复研读过。许多章节和段落还作了批注和勾划。

14. 听党的话，跟党走

今天是我永远不能忘记的日子。下午一点半钟，我在沈阳工程兵部见到了上级首长。首长们像慈父般的关怀和热爱我……对我说："受了阶级的压迫，受了民族的压迫，你没有忘本，很好啊！在旧社会受阶级压迫，剥削……穷人没出路，你听了毛主席的话，做了很多工作，做得很对。今天我们革命，不能忘本，忘本就很糟糕。以前做得很好，今后要继续这样做。要读毛主席的书，听毛主席的话，忠实于党，忠实于人民，忠实于毛主席。做出成绩，什么时候都是应该的，我们当革命者不能满足。要更加虚心，对领导要尊敬，对同志要团结，要努力做毛泽东时代的好战士，要做一个好的共产党员。"

我一定要好好学习和工作，永远听党的话，听毛主席的话，跟党走，做毛主席的好战士。

"整个革命历史证明，没有工人阶级的领导，革命就要失败；有了工人阶级的领导，革命就胜利了。在帝国主义时代，任何国家的任何别的阶级，都不能领导任何真正的革命达到胜利。"

工人阶级是最先进、最觉悟、最有组织纪律、最有前途的阶级。工人阶级在旧社会受剥削受压迫最深，生活不如牛马，要求革命最坚决，革命最彻底。我国人民在工人阶级先锋队——伟大的中国共产党的正确领导下，取得了革命的伟大胜利，取得了社会主义建设巨大成就，将来会取得一个更美好的共产主义社会。

背后的故事

《论人民民主专政》

《论人民民主专政》是1949年6月30日,毛泽东为纪念中国共产党成立二十八周年而写的一篇论文。根据马克思主义国家学说,结合中国实际,论述了即将成立的中华人民共和国的国家性质,各阶级在国家中的地位及其相互关系,国家对内、对外政策等。

人民民主专政的基本理论,驳斥了在国家政权问题上的各种错误思想和反动观点。文章指出,人民"在中国,在现阶段,是工人阶级、农民阶级、城市小资产阶级和民族资产阶级"。这些阶级在中国工人阶级的先锋队——共产党的领导下,组成自己的国家,对人民内部实行人民民主制度,对地主阶级和官僚资产阶级实行专政。二者结合,就是人民民主专政。

文章总结了中国革命的基本经验之后说:"我们的经验,集中到一点,就是工人阶级(经过共产党)领导的以工农联盟为基础的人民民主专政。"毛泽东关于人民民主专政的理论,对于中华人民共和国的建立和中华人民共和国宪法的制定,都具有重要的指导意义。

该文奠定了中国人民民主专政国家政权的理论基础和一定发展阶段上的政策基础,丰富了马克思主义的国家学说,为即将成立的新中国做了政治理论准备。

雷锋精神遍天下

"维吾尔族雷锋"

阿布力克木,是一个普通的客运人,不高的个子,整洁的装束,站在班组的队列里,绝不是起眼的一个。就是这位刚过而立之年的维吾尔族青年,民族血液里滋养出的热情、豪迈和多年部队生活磨练出的细心、严谨,让他在多民族旅客聚集共处的狭小车厢里感动着无数人,也收获着付出的快乐。

乘务工作中的拖地、擦桌……这些很多人认为单一枯燥的工作,阿布力克木总能从中收获快乐。内心的朴实和善良让他拥有许多对旅客、对同事的理解和关怀。

阿布力克木说,雷锋永远是我学习的榜样,我一定要把分内的工作做好,旅客的满意是对自己最好的回报。他也常说:列车服务工作虽然辛苦,但却是一份充满爱心的工作,在为许多需要我帮助的旅客服务过程中我也收获着快乐。

15. 在平凡细小的工作当中,干出不平凡的业绩

今天是我永远不能忘的日子。像我这样一个穷孩子,能光荣地参加这次沈阳部队召开的首届团代会,感到万分的激动,能见到上级首长,直接听到首长的报告和指示,更是感到荣幸。首长特邀我参加这次隆重的团代会,并选我为主席团的成员,能和首长坐在一起,能和来自四面八方的英雄模范见面等等,这一切都是我过去做梦也想不到的。我这次参加团代会,既感到高兴,又感到惭愧。高兴的是:有党和毛主席的好领导,全军共青团工作取得了巨大的成就;惭愧的是:我为党和人民做的工作太少了,比起其他的代表,我差得太远了。但是我决不甘心落后。我想,只要听党和毛主席的话,积极肯干,就能为祖国为人民做出许多好事。我相信自己,别人能做到的事,我一定能做到。我决不辜负党和人民对我的期望,决心从以下几个方面努力:

永远听党和毛主席的话,党指向哪里,我就冲向哪里,处处以整体利益为重,全心全意为革命工作,勤勤恳恳,踏踏实实,在平凡细小的工作当中,干出不平凡的业绩。

我要认真学习毛主席的著作,刻苦钻研技术和业务,决心做个又红又专的革命战士。

雷锋精神遍天下

新时代的好干部

　　孔繁森是孔子第七十四代孙，曾担任山东聊城地区的领导工作，1979年作为一名援藏干部，远赴西藏，担任日喀则地区岗巴县委副书记。在岗巴工作三年，孔繁森跑遍了全县的乡村、牧区，与藏族群众结下了深厚的友谊。

　　1988年，山东省再次选派孔繁森赴藏工作。进藏后，孔繁森担任拉萨市副市长，分管文教、卫生和民政工作。到任仅四个月的时间，他就跑遍了全市八个县区所有的公办学校和一半以上的村办小学，为发展少数民族的教育事业奔波操劳。1992年，拉萨市墨竹工卡等县发生强烈地震，孔繁森在羊日岗乡的地震废墟上，还领养了三名藏族孤儿。收养孤儿后，孔繁森生活更加拮据，为此他曾三次以"洛珠"的名义献血九百毫升。

　　1992年底，孔繁森第二次调藏工作期满，西藏自治区党委决定任命他为阿里地委书记，这一任命意味着孔繁森将继续留在西藏工作。面对人生之路又一次重大选择，他毫不犹豫地服从了党的决定、人民的需要。

　　阿里地处西藏西北部，平均海拔4500米，被称为"世界屋脊的屋脊"。这里地广人稀，常年气温在零摄氏度以下，最低温度达零下四十多摄氏度，每年七级至八级大风占一百四十天以上，恶劣的自然环境、艰苦的生活条件使许多人望而却步。可是，年近50岁的孔繁森赴任阿里地委书记后，在不到两年的时间里，全地区一百零六个乡他跑了九十八个，行程达八万多公里，茫茫雪域高原到处都留下了他深深的足迹。

　　在孔繁森的勤奋工作下，阿里经济有了较快的发展。孔繁森为了制定把阿里地区的经济带上新台阶的规划，准备在最有潜力的边贸、旅游等方面下功夫。为此,他带领有关部门,亲自到新疆塔城进行边贸考察。1994年11月29日,他完成任务返回阿里途中,不幸发生车祸,以身殉职,时年50岁。

在孔繁森的葬礼上,悬挂着一幅挽联,形象地概括了孔繁森的一生,也道出了藏族人民对他的怀念:

上联:一尘不染两袖清风,视名利安危淡似狮泉河水。

下联:二离桑梓独恋雪域,置民族团结重如冈底斯山。

16. 紧紧地与群众团结在一起

我要密切联系群众，相信群众，虚心向群众学习，团结带领群众一同前进，永不自满，永不骄傲，永远谦虚谨慎，紧紧地与群众团结在一起，共同为党的伟大事业而奋斗。

我要积极肯干，做到说干就干，干就干好，脚踏实地、实事求是地干，千方百计地干，事事捡重担子挑，顺利时干得欢，受挫折时也要干得欢，扎扎实实地干，一定要把事情办好。

"掌握思想教育，是团结全党进行伟大政治斗争的中心环节。如果这个任务不解决，党的一切政治任务是不能完成的。"

思想教育应该是经常的，长期的。正如洗脸一样，一天不洗，脸上的脏东西和灰尘就不掉，要是长期不洗，脏东西和灰尘就会在脸皮上结成壳，人家看了，会骂他是懒汉……人的思想也是这样，如果不经常教育，不用正确的思想克服错误的思想，时间长了，思想就会出毛病。思想背了包袱，工作就会消极，干劲就不足，各项任务就不能完成。

雷锋精神遍天下

接过雷锋的枪

乔安山，是雷锋的生前好友。1962 年 8 月 15 日，乔安山驾车意外碰倒了一根方木杆子，砸在雷锋头部，导致脑机能障碍，壮烈牺牲。1962 年组织上对雷锋同志的牺牲定下结论："因公殉职，意外事故"，"乔安山没有直接责任"。当时告知他雷锋之死的对外口径是"因公牺牲"，要他保密。虽然组织上百般劝说他不要背包袱,但战友的死一直使乔安山抬不起头。

几十年来,乔安山一直致力宣传雷锋精神,成了雷锋精神的职业传火人。每年三四月份,他最忙碌,从人们的邀请当中,乔安山知道,今天的人们仍然需要雷锋。

这就是雷锋战友乔安山的不平常的故事人生。他说雷锋大哥永远活在他的心中。是的,雷锋永远都活跃在我们的心中,我们的生活不能没有"雷锋"。

雷锋生前和战友乔安山利用休息间隙在一起阅读《毛泽东选集》

第三部分

勤奋工作篇

1. 保证克服一切困难

一、保证克服一切困难，勤学苦练，早日学会技术。

二、保证破除迷信，大闹技术革命。

三、保证维护好机械，做到勤检查，勤注油；保证全年安全生产，不出机械和人身事故。

四、保证以冲天的革命干劲，以百战百胜的精神，苦干、实干、巧干，超额完成生产任务。

五、保证100％的参加学习和各种会议，以求得政治、文化、技术各方面的提高。

六、保证做好社会宣传工作，敢想、敢说、敢于，发挥一个共青团员的应有热能。

雷锋精神遍天下

与大师并肩的黄昆

黄昆是世界著名物理学家、中国固体和半导体物理学奠基人之一。他的一生和诺贝尔奖大师紧密相连，从英国布里斯托大学到爱丁堡大学，再到利物浦大学，从诺贝尔奖获得者莫特教授到玻恩教授，黄昆的第一个"黄金时代"到来了。物理学大师玻恩是量子力学的创始人，也是晶体原子运动系统理论的开创者，早在第二次世界大战期间，玻恩就打算从量子学最一般原理出发，写一部关于晶格动力学的专著，但战后因忙于他事且年事已高，此事一度搁置。1947年5月中旬，黄昆来到了爱丁堡大学玻恩教授处短期工作，工作中玻恩发现黄昆熟悉这门学科，且有深邃见解，便将完成用量子力学阐述晶格动力学理论的《晶格动力学》专著的重任交给了黄昆，同时交给他的还有玻恩的一些残缺不全的旧手稿……

黄昆从1948年开始，在四年时间内不仅以严谨的论述和非常清晰的物理图像对这个固体物理学中的最基本领域进行了系统的总结，而且还以一系列创造性的工作发展和完善了这个领域。"有一段时间，我同玻恩教授还发生了争论……"谁也没想到，黄昆当初写进的内容在1960年激光发现以后，一一被实验证实。由此，奠定了他在固体物理学领域的权威地位。玻恩这位诺贝尔奖获得者也伸出了大拇指，他在给爱因斯坦的信中说："书稿内容现在已经完全超越了我的理论……"

黄昆一生都在科学的世界里探求真谛，一生都在默默地传递着知识的薪火，面对名利的起落，他处之淡然。他不仅以自己严谨和勤奋的科学态度在科学的领域里为人类的进步做出卓越的贡献，更以淡泊名利和率真的人生态度诠释了一个科学家的人格本质。

2. 开展思想斗争和批评与自我批评

自从由鞍山转到弓长岭以来，自己就抱定决心：一定要很好地工作、学习，争取加入中国共产党。对各种学习任务都能认真完成；自学较好，每天早晨学习一小时，晚上总是要自学到深夜十至十一点钟。早晨坚持做早操，没有违犯过纪律，都能按规定去做。今后，我应当继续加强组织纪律性，向违法乱纪做斗争，严守纪律，听从指挥，做好机器检查和保养，保证安全，消灭事故。努力学习政治，开展思想斗争和批评与自我批评，加强团结，虚心学习。

雷锋精神遍天下

"打破蓝田神话"的刘姝威

刘姝威，中央财经大学一位普通的研究员，这是一位儒雅、文静但却用良知说话、坚守自己职业操守的女性知识分子。在经过认真的调研后，她在内参上发表了一篇不到六百字的文章，把自己对蓝田公司的意见反映给国家及中央银行的有关领导。

这六百字短文难写不难写？一点都不难写，所以刘姝威没有费多大的劲就写出来了，然而它的效果不仅神，而且还神得出奇，为什么？因为这篇文章"一不留神"将当时股市之黑幕暴露了出来。的确，光屁股的皇帝没穿衣服在大街上游览没有人说，那是在古代，然而对这个"光屁股的蓝田"在招摇撞骗却没有一个人能站出来，原因就是蓝田公司向相关贷款负责人提供了四百六十多万元的回扣。

短文发表后，刘姝威遭遇到蓝田公司的威胁和恐吓，说刘姝威断了自己的经济命脉，要她注意自己的身家性命。她到处疾呼：国家和老百姓的钱不能白白扔进一个个无底的黑洞里，类似"蓝田"这样的企业，早晚有一天会把国家的经济给蛀空，更可怕的是像"蓝田"这样的企业还不止是个别情况。尽管她的大声疾呼像一个人独行在沙漠里的哭号，苍凉凄惨且孤立无援，但她仍然没有低头，并且大有不达目的不罢休的气势。我们需要像刘姝威这样的人，因为它不仅戳穿了一个"蓝田"神话，更给一个国家和民族敲响了警钟。

雷锋参军前与同班工友一起合影留念（后排 左一）

3. 众人先进才能移山填海

1958年入厂时候,我只是一个抱着感恩的思想埋头苦干的工人,在生产上只能做到完成自己的任务和达到每天的定额。

后来,在党的教育下,特别是受到党的社会主义建设总路线和全国人民冲天干劲的鼓舞,才使我的思想和眼界变得更加开朗和远大,才使我的干劲越来越高涨。

由于党的教育,我懂得了这个道理:一朵鲜花打扮不出美丽的春天,一个人先进总是单枪匹马,众人先进才能移山填海。

雷锋精神遍天下

舍己救人的张前东

张前东,生于1966年10月,1988年参加工作,作为一名助理政工师,他长期在煤矿生产一线工作,他在艰苦的采煤和掘进生产一线岗位上拼搏磨砺了十七个春秋,被员工称为煤矿"铁汉子"。

2002年6月13日,鱼田堡煤矿发生了穿水事故,正在井下作业的矿工面临死亡威胁,有十多年工作经验的他立即直奔井下电话联络点向地面报警。张前东离井口约两千米,跑出去最多花二十分钟。他选择了责任,奔向矿井深处指挥工友寻找逃生路线,先后下到井下216米、350米处,救出十三名工友。随即又只身到42区搜救矿工,发现该区工友全部撤离,精疲力竭的张前东再次回到井下100米水平面西门处,又成功解救出五十一名被困矿工。经过约七个小时艰难跋涉和同死神的顽强抗争,六十三名工友在张前东的带领指挥下,终于冲破死亡线走出了矿井。

"想到井下还有这么多人,如果能救大家出去,自己送命也值了。"

回想起在生死存亡的瞬间作出的抉择,张前东说他今生无悔。张前东的英雄壮举被誉为"新中国成立以来个人救人历史上的里程碑",中外媒体称其为"世界矿难史上的一个奇迹"。张前东舍己救人的感人事迹很快传播开来,在全国引起极大震撼,被中央电视台评为"感动中国"2002年度十大人物之一。

4. 带了徒弟

我在鞍钢开推土机时，车间主任给了我一个任务，要我带三个学员。自己的技术不高，又怎能教好学员呢？可是，我想到这是党给我的任务，我一定要坚决完成。在驾驶和学习机器构造原理时，我和他们互相研究，我不懂就去请教其他师傅，而后再告诉他们。他们只用四个月就学会了开推土机。毕业后，工厂要给我36元带学员的师傅钱，我没要。我学的技术是党培养的，今天告诉别人是应该的。

雷锋向战友们介绍节油经验

雷锋精神遍天下

女排主教练陈忠和

陈忠和是中国国家女子排球队前任主教练，已于中国女排任职二十多年。他带领中国女排夺得2003年世界杯冠军，此前，中国女排已经十七年无缘世界冠军荣誉；2004年，他更带领中国女排夺得雅典奥运会金牌，蝉联世界冠军的称号，成了人们心中的英雄。

在早期，虽然作为陪练，陈忠和付出的不止是血与汗，但中国女排首次夺冠时，陈忠和却成为"无名英雄"。那时，陈忠和处于从属地位，绿叶衬红花，奖牌挂不到脖子上，形象登不了要闻版，甚至耽误了职称的评定。但他忍辱负重，甘为人梯，不曾抱怨。

在2004年雅典奥运会上，中国女排终于获得了久违了二十年的奥运冠军，而此时陈忠和却说："对于今天和俄罗斯的比赛，我的看法和感受跟我的队员一样。媒体说有某家国内企业要奖给我一幢别墅作为夺金的奖励，我在这里想说的是，我是不会接受任何类似的奖励的。"

5. 听党的话,服从命令听指挥

这天是我永远不能忘记的日子,这天是我最大的荣幸和光荣的日子。我走上了新的战斗岗位,穿上了黄军装,光荣地参加了中国人民解放军。我好几年来的愿望在今天已实现了,真感到万分的高兴和喜悦,这是我一生最大的幸福。

在党的正确领导下,在革命的大家庭里,我一定要好好地锻炼自己。

听党的话,服从命令听指挥,党指向哪里,我就冲向哪里。

加强政治学习,多看报纸和政治书籍,按时参加部队各种会议和学习,积极宣传党的政策,密切靠近组织,及时向组织反映各种情况,不断提高自己的政治思想觉悟。

尊敬领导,团结同志,互帮互爱互学习。

严格遵守部队一切纪律,做到虚心向老战士学习,刻苦钻研,加强军事学习,随时准备打击敌人。

克服一切困难,发扬先辈优良的革命传统。我要坚决做到头可断,血可流,在敌人面前决不屈服、投降。我一定要向董存瑞、黄继光、安业民等英雄学习。

雷锋精神遍天下

钢铁战士

1993年8月17日,济南军区某部战士徐洪刚从家乡返回部队。当他乘坐的大客车行至四川省筠连县巡司镇铁索桥附近时,车内突然冒出几名歹徒,对乘客打劫勒索。见此情况,徐洪刚冲上前去,与歹徒展开殊死搏斗。狭窄的车厢里,拳脚施展不开。四个歹徒把他团团围住,穷凶极恶地挥刀猛刺徐洪刚的胸、背、腹……鲜血染红了他身上的迷彩服,也染红了座椅、地板。肠子从受重伤的腹部流出。

司机把车刹住。歹徒纷纷逃窜。此时,身中十四刀,肠子流出体外达五十厘米的徐洪刚,奇迹般地用背心兜住往外流的肠子,紧跟着跳下车来,用全部的力气往前追出了五十多米,然后一头栽倒在路旁……

事情发生后,当地的各政府机构、医院及广大群众纷纷行动起来,全力抢救徐洪刚,抓捕罪犯。不久,各大媒体对徐洪刚的英雄事迹广为报道,在全国军民中引起强烈反响。徐洪刚获得了"见义勇为青年英雄"、"全国新长征突击手"的称号。

"社会给了我莫大的关爱,人民给了我第二次生命,我必须以一颗感恩之心、一腔赤子之情回报社会和服务人民。"这是徐洪刚内心真实的想法。

1998年8月,长江发生特大洪水,部队接到抗洪抢险命令整装待发。组织上考虑到徐洪刚的身体状况,安排他留守后方。徐洪刚一听急了,在群众最危难的时候,自己怎么能留在后方?他向团党委申请,强烈要求参加抗洪抢险。他不顾自己的身体,咬紧牙关坚持奋战三十六个小时,直到累倒在大堤上。

2008年5月12日,四川汶川特大地震发生时,刚刚被提拔担任济南军区某红军团副政委的徐洪刚立刻与官兵们奔赴灾区。仅用二十六小时,他们就赶到灾区,参与救灾。 指挥部的领导直夸他们:铁军名不虚传!

6. 把青春献给祖国最壮丽的事业

我要努力学习政治、军事、文化,我要好好地锻炼身体。我一定要在部队争取立功当英雄,我一定要做一个毛泽东时代的好战士,我要把我可爱的青春献给祖国最壮丽的事业。

我渴望已久的参加中国人民解放军的理想实现了,怎么叫我不高兴呢!我恨不得把我的心掏出来献给党才好。晚上我怎么也睡不着,我的心就像大海的浪涛一样,好久不能平静。

我,一个在旧社会受苦受罪的穷苦孤儿,居然成为一个国防军战士,得到党和首长的信任,受到战友们的热爱,我真不知说什么好!

在这个革命的大家庭里,首长胜过父母,战友亲过兄弟,这一切只有在党的

12. 人民的子弟兵，祖国的保卫者

我在哨所周围来回流动，脑子里一个转又一个转地想着，汽车、油库、国家的许多财产、全连的安全，都掌握在卫兵的手里，如果麻痹大意，不提高警惕，万一敌人破坏，那将给国家和人民造成多大的损失。我感到自己责任的重大。比起红军长征的时候，天天打仗，经常几天几夜得不到休息，还是那样坚强勇敢、英勇奋战，我呢？又感到惭愧。人民的子弟兵，祖国的保卫者，这个光荣的称号又使我感到高兴，我宁愿站到天亮也乐意。

雷锋精神遍天下

刀尖跳舞

明正彬，是云南边境缉毒的虎胆英雄，长期担任作为我国禁毒斗争主战场和最前沿的保山市公安局禁毒支队队长，十多年来共破获各类贩毒案件一千四百起，抓获犯罪嫌疑人一千八百多名，缴获海洛因等毒品三千五百多公斤。他无数次卧底侦查，给毒品犯罪以沉重打击；他在多次暗杀中死里逃生，三岁的儿子也险些被人绑架。明正彬曾荣立个人二等功、三等功各一次，被授予"全国优秀人民警察"。

明正彬那份从容镇静让人觉得踏实。化身卧底，刀光剑影，血命惊魂，而后把歹徒缉拿归案。经过港台警匪片多年的熏染，人们已经能够背出其中的情节，只是不知道现实中明正彬和他的战友们同样演着"无间道"，而且比电影更加精彩。他的英雄事迹已改编成电影故事片《妈妈，别怪我》，2007年2月7号，这部电影在昆明举行了首映式。现任云南省玉溪市副市长、市公安局局长。

领导下的人民军队里才能得到……

我一定不辜负党对我的教育和期望,我决心保持和发扬我们弓长岭矿全体职工的光荣,军政学习争优秀,全心全意保卫国防,成为一个优秀的国防军战士。

雷锋精神遍天下

烈火战士

2003年11月3日凌晨四时四十分左右,衡阳市珠晖区一栋八层四合院式商住楼突然起火,衡阳市消防支队官兵接警后迅速赶到现场,冒死进行救援疏散,在楼房经过大火长时间焚烧、强度下降、极度危险的时候,几进几出,将老弱病残者逐一背出,使四百一十二位居民无一伤亡。但在救援过程中,该楼的东面、北面及西面的一小部分房屋突然倒塌,就在这可怕的瞬间,有二十一名忘我救火的消防官兵被埋在废墟之中。

11月6日10时05分,抢救人员在废墟中找到了最后一名消防战士,医务人员证实他已经牺牲。至此,二十一名被倒塌房屋掩埋的消防官兵全部被找到,其中仅江春茂一人生还。在衡阳特大火灾事故中,共有二十名消防官兵因公殉职。他们中最年轻的仅有18岁。

他们以火一样的激情投身火场,他们怀揣群众利益走向危险,他们用自己的生命捍卫了他人的生命,捍卫了武警消防兵这个崇高的职业。那壮烈的一幕将永存史册,他们勇往直前、舍生忘死的英雄气概更将长留在人们心里,那将是对什么是敬业精神的最好诠释。

7. 永远忠于党，保卫党的利益，为党的事业奋斗终身

今天我感到特别的高兴。入伍一年来，我在党和首长的培养教导下，由于同志们的帮助，使我学会了很多军事技术知识。刚入伍时什么也不懂，手拿着枪还心惊肉跳只怕走火。由于连、排首长把着我手教，因此我才学会了射击，投弹也是同样地取得了优秀的成绩。汽车理论和实际驾驶学习，每次测验也都是5分。从政治上也有很大的提高，特别是学习毛主席著作后，心里变得明亮了，思想和眼界变得更加开朗和远大了，干劲越来越足。

由于政治觉悟的不断提高，因此才能在工作和学习中做出一点点成绩。并于1960年11月8日加入了伟大的中国共产党。我从一个流浪孤儿，成长为一个共产党员，这完全是党的培养教育、同志们帮助的结果。……我要永远忠于党，保卫党的利益，为党的事业奋斗终身。

雷锋精神遍天下

警界保尔

孙炎明是浙江东阳市看守所民警，1995年6月入党，大专文化。孙炎明同志从警29年来，恪尽职守，无私奉献，2004年5月被确诊脑癌后，以顽强的毅力、超越生命的执著，坚持与病魔抗争，把全部精力和心血献给了公安事业，以实际行动诠释了一名共产党员的优良品德和高尚情操。

2004年3月，孙炎明经医院诊断患有脑癌，面对穿了二十多年的警服，他慢慢地调整心态：既然病魔已经来临，就直面它，精神上绝

不能被它击倒。他三次大手术，三闯鬼门关，始终保持一种积极向上的人生态度，快乐工作，快乐生活。

医生叫他立即停止工作，在家休息养病。面对组织和医生的劝告，他说：默默地在家里等死，还不如在工作上干死。所领导提议："你想来就来，具体岗位就不要安排了，协助其他同事做做工作。"孙炎明说："那不行！我都没有把自己当病人，希望你们也不要把我当成病人，一个萝卜一个坑，一个人顶一个人用，我的生命延续一天，就要干好工作一天。"

孙炎明始终认为，自己在监管岗位上工作多年，有一定的管理经验，经常主动要求把一些难管、不服管的在押人员放到自己的监室。他相信在押人员扭曲的心灵在自己的细心、耐心、诚心和爱心管教下肯定会有感化。

作为管教民警，孙炎明始终认为，自己的工作对象是一个特殊群体，他们曾经危害社会，如何让他们认罪伏法、改造自我、重新回归社会是自己的责任。孙炎明分管的监室在全所始终保持两项最好：在押人员秩序最好、教育转化的效果最好。

孙炎明没有惊天动地的英雄壮举，没有振聋发聩的豪言壮语，有的只是朴实的情怀和默默的奉献。一朝爱岗不难，几十年如一日地敬业爱岗才难，孙炎明难能可贵地做到了。对理想的执着追求，对事业与岗位的执着坚守，让他这个平凡的基层监管人民警察不再平凡。

8. 帮助老太太

今天我从营口乘火车到兄弟部队作报告，下车时，大北风刺骨地刮，地上盖着一层雪，显得很冷。我见到一位老太太没戴手套，两手捂着嘴，口里吹一点热气温手。我立即取下了自己的手套，送给了那位老太太。她老人家望着我，满眼含着热泪，半天说不出话来。……一路上，我的手虽冻得像针扎一样，心中却有一种说不出的愉快。

雷锋精神遍天下

十五年铸成倚天剑

黄伯云，是我国著名的粉末冶金专家，他从1996年开始对炭/炭复合材料进行研究。这个项目的成功开发，使我国打破了欧、美在此项技术上的垄断，为我国航空事业做出了巨大贡献。

作为"项目总指挥"的黄伯云，在这近二十年里，既跑项目又做科研，并担任一连串职务。最忙的要数担任中南大学校长了，领导着一所有着六万多名师生员工的综合性大学，可是他还在国内外发表论文一百多篇，其中被SCI和EI分别收录四十三篇、八十一篇；承担国家自然科学基金、国家"863计划"、"九五"攻关等一系列重大课题，还出版专著；先后获得国家级奖三项、省部级奖八项。

他身边的同事都知道，黄伯云有"三快"：吃饭快、走路快、工作节奏快。比如走路，别看黄伯云身体不算好，年纪也近花甲，但走起路来，一般人还跟不上。"偶尔我也跟他散散步，但他哪是散步，简直是竞走。"

黄伯云"也有两不急"：开会不急、赶飞机不急。通知八点开会，绝对只提前一两分钟到；如果是九点钟的飞机，总是让人先办好登机手续,在关闸的最后一分钟赶到。或许,这"三快两不急"并不能节约很多时间,但却是黄伯云向时间表明自己的人生态度。

9. 什么是时代的美？

什么是时代的美？战士那褪了色的、补了补丁的黄军装是最美的，工人那一身油渍斑斑的蓝工装是最美的，农民那一双粗壮的、满是厚茧的手是最美的。劳动人民那被烈日晒得黝黑的脸是最美的，粗犷雄壮的劳动号子是最美的声音，为社会主义建设孜孜不倦地工作的人的灵魂是最美的。这一切构成了我们时代的美。如果谁认为这并不美，那他就不懂得我们的时代。

雷锋也是引领时尚的雷锋。雷锋确实也曾经是个爱玩的时尚青年，他穿皮衣、戴手表、学开车。图为在天安门前，雷锋向一骑摩托车的青年借摩托车拍了一张。

雷锋精神遍天下

马班邮路的铁汉

1984年，年仅19岁的苗族小伙子王顺友从当乡邮员的老父亲手里接过了马缰绳，成为了四川凉山彝族自治州木里藏族自治县一名普通的马班邮路乡邮员。当时，老父亲拍拍儿子的肩膀郑重地说："送信就是为党做事，为党做事的人要吃得起苦。"王顺友把这句话牢牢地记在心里，走上了马班邮路的漫漫征途。

四川木里藏族自治县地处青藏高原东南缘，这里高山绵延起伏，全县海拔在5000米以上的大山有二十多座，平均海拔3100米，生活和工作条件十分艰苦。王顺友他每月有二十八天要徒步跋涉在这苍茫大山中的邮路上。他要穿过四片野兽出没的原始森林。有的地方气候异常恶劣，有的地方地势异常险恶。他一肩挑、一人扛。当万家灯火、家人团聚的时候，王顺友只能一个人蜷缩在山洞、牛棚、树林里或露天雪地上，只有骡马与他相伴。冬天一身雪，夏天一身泥，饿了就啃几口糌粑面，渴了只能喝几口山泉水或吃几块冰。到了雨季，他几乎没穿过一件干衣服。由于常年野外风餐露宿，喝酒驱寒，王顺友的身体一堆毛病，胃病常年伴随他，他的心脏、肝脏、关节也经常受到病痛的折磨。可他说："搞好本职工作是我的责任，再大的苦也要忍了，不能给党丢脸。"

正是凭着这种极端负责的工作态度，二十年来，王顺友没有延误过一个班期，没有丢失过一个邮件，没有丢失过一份报刊，投递准确率达到100%，为中国邮政的普遍服务作出了最好的诠释。

10. 有了伟大的热情，才有伟大的行动！

热情，像熊熊的火焰，是一切的原动力！
有了伟大的热情，才有伟大的行动！

今天是星期日。有的同志叫我上街看电影……在这风和日丽的春天里，正是农忙的季节，公社的社员们都在紧张而又忙碌地耕地、播种。我是一个农家的孩子，现在虽然成了一名祖国的保卫者，可是我有责任支援农业，改变农村的面貌，为农业早日机械化、电气化贡献一点力量。

想到这些，我哪里有心看电影呢？拿着铁锹跑到了抚顺李石寨人民公社万众生产大队，和社员们一起翻地。他们的革命干劲深深地教育和鼓舞了我，他们建设新农村的革命热情是万分高涨的。我真正懂得了群众的力量能移山填海，只有群众的力量是无穷无尽的，一个人的力量总是沧海一粟。我决心永远和群众牢牢地站在一起，为人类最美好幸福的生活而斗争。

雷锋精神遍天下

K165次列车乘务组英雄列车

2010年8月19日，中国铁路历史上让人窒息的一刻。西安开往昆明的K165次旅客列车运行至宝成线德阳至广汉间，洪水致使石亭江大桥5、6号桥墩倒塌，7号桥墩倾斜，造成列车机后5-17位车辆脱线，1318名旅客的生命财产安全遭受严重威胁。危急时刻，K165次列车司机果断采取紧急制动措施，在最短的时间内将列车停稳；K165次列车乘务组临危不乱，迅速组织旅客有序撤离，在十五分钟内把所有旅客安全转移，随后列车15、16号车厢坠入江中。此次事故中，旅客和铁路职工无一人伤亡，创造了抢险救援的奇迹。

铁道部授予西安铁路局西安客运段K165次列车第二乘务组"抗洪抢险勇救旅客英雄列车"荣誉称号，给予记大功一次，同时授予火车奖杯。

11. 我们都是阶级兄弟

今天，战友×××在队列当中稀稀拉拉，九班长看见后就发了火，好顿批评，可是×××同志置之不理。下操后，×××同志说："九班长态度粗暴，我懒得听他的。"

这件事引起了很多人的议论。有人说："九班长的脾气不好，有事爱发火，他的心可是好的。"我认为这种说法不够正确。毛主席说过："真正的好心，必须顾及效果。"抱着好心而又好对同志发脾气的人，常常是效果不好。既然效果不好，这好心又表现在哪里呢？这好心给革命、给同志又带来了什么好处呢？

这件事，我认为九班长应该对×××同志进行耐心说服教育才对，在列队中对×××发态度，达不到教育目的。我们都是阶级兄弟，应该互相帮助，共同进步。

雷锋精神遍天下

独臂英雄

丁晓兵，是南京军区的一名战士。1984年，在执行任务时，为掩护战友和俘虏，他一把抓起敌人投来的手雷向外扔去，手雷在出手的瞬间爆炸。他的右臂被炸断，差点牺牲。可就在两个月后，本可以留在后方的他，又义无反顾地回到一线阵地。

战后，丁晓兵入了党，提了干，荣立了一等功，获得全国"为边陲优秀儿女挂奖章"活动为他专设的第101枚金质奖章，受到党和国家领导人的接见。他认为只有把自己的人生追求融入党的事业和部队建设，才能在追求中升华自己的人生理想。于是毅然选择继续留在部队与艰辛奉献为伍。

组织上满足了丁晓兵的愿望,送他到解放军南京政治学院深造。从战场到教室,丁晓兵以笔作刀枪,战胜伤残战胜自我,努力把自己打造成合格的新型军事人才。

因工作成绩突出,他被国家人事部和中国残联授予"全国自强模范"称号,被武警总部和江苏省委、省政府评为"拥政爱民模范",三次当选南京军区和武警部队党代表会议代表,被武警总部树为学习贯彻"三个代表"重要思想标兵、优秀共产党员和优秀干部标兵,多次受到党和国家领导人的亲切接见。他所带过的单位也年年被评为先进集体。

13. 我们是伟大的中国人民解放军

有的同志晚上不愿意站岗。白天工作学习忙，比较疲劳，晚上睡得甜蜜蜜的，叫起来站岗，是有一点不是滋味。可是，他们没有想到，站岗是党和人民交给我们的一项光荣而艰巨的任务。每次轮到我站岗的时候，不管是白天或黑夜，烈日或严寒，我总是很愉快地去执行了。这是因为我时刻想到：我们是伟大的中国人民解放军，是祖国的保卫者，是人民最可爱的人。

今天下了大雪，刮着刺骨的北风。为了使车辆经常保持良好的技术状态，随时开得动，我和韩玉臣同志主动到车场保养车辆。双手拿着冰冷的工具，调整和修理铁的机器，的确冷得很，有时手拿着铁的机件，就把手和机件粘在一起了。特别是双手伸到汽油里去清洗机件，更把手指冰得好像针扎一样，我真想去烤烤火。可是，一想起连长在军人大会上的报告："在三九天里保养车是一个艰巨的战斗任务，过硬的功夫是在冰天雪地里锻炼出来的。"我感到有一股暖流立刻传遍了全身，觉得有了无穷的力量，打消了烤火的念头，继续清洗机件。经过八个多小时野外苦战，终于把汽车保养好了。虽然手冻裂了口子，但是锻炼了自己的意志，提高了技术。

雷锋精神遍天下

蓝领专家孔祥瑞

孔祥瑞，是天津港股份有限公司的一名职工，是伴随天津港建设发展而成长起来的新时期知识型产业工人。

多年来，孔祥瑞以"当代工人，只有有知识、有技能，才能有力量"

为座右铭，坚持学习，坚持实践，坚持创新，从一名只有初中文凭的码头工人，成长为一名享誉全国的"蓝领专家"。2011年9月20日，在第三届全国道德模范评选中荣获全国诚实守信模范称号。

孔祥瑞认为，只要努力钻研、刻苦学习、勇于实践，工人同样有施展才华的空间。他常带着笔记本，上面密密麻麻记录着他发现的问题和解决问题的思路。为尽快掌握从国外引进的设备的性能与操作技术，他每天把有关资料装在书包里，有空就背，背完再到设备前对比了解。功夫不负有心人。孔祥瑞对所在岗位的各项设备了如指掌，对操作技术参数烂熟于心，成为有名的"门机大王"和"排障能手"。

在天津港冲击亿吨大港的2001年，他主持创新"门机主令器星形操作法"，使门机每一次作业可节省时间15.8秒，平均每天多干480吨，当年创效1600万元。这一操作法被市总工会命名为"孔祥瑞操作法"，被授予"天津市职工十大先进操作法"之一，在同行业推广。他主持的"门座式起重机中心集电器"技改项目，被授予2003年国家级实用型发明专利。

近年来，他主持开展技术创新项目五十多项，为企业创效六千二百多万元。作为队长，他以身作则、率先垂范，严格管理、培育人才，他所在的队有多人获得全国技术能手和各级先进称号，带出了一支技能型、知识型高素质的队伍。

如今，身教重于言教的孔祥瑞，不仅自己成为了"蓝领专家"，而且还在天津港集团带出了一批年轻的技术能手，他用自己的成绩证明了知识型工人的价值。

14. 如果有缺点，就不怕别人批评指出

今天吃早饭，我看到炊事班的饭盆里有很多锅巴，便随手拿了一块吃。炊事员×××同志说："自觉点啊！"我听了这句话，心里很难受，觉得吃一块锅巴有什么？赌气把那块锅巴放到饭盆里，走了出来。这时，通信员送来了一张报纸，我接过来就看，首先看到报纸上毛主席的语录说："因为我们是为人民服务的，所以，我们如果有缺点，就不怕别人批评指出。不管是什么人，谁向我们指出都行。只要你说得对，我们就改正。"我一口气把这段话念了十多遍，越念越感到自己不对，越念越感到毛主席的这些话好像是专门对我说的，越念越后悔不该和炊事员赌气。我自己问自己："你多不虚心呀！人家批评重一点，你就受不了啦！"想来想去，我还是硬着头皮跑到炊事班，承认了自己拿锅巴吃不对，并检查了自己的缺点。炊事员感动地说："你对自己要求这么严，真是好同志……"

雷锋精神遍天下

男儿榜样

李隆，是河南省郑州市公安消防支队的一名武警战士。2000年7月从昆明消防指挥学校毕业后，李隆潜心研究消防特勤业务，撰写了大量心得笔记，特勤中队配备的近千种器材装备，他样样拿得起、讲得清、用得熟、教得精，成了特勤大队官兵有口皆碑的"器材通"。

入伍以来，李隆同志先后参加灭火救援战斗三千一百七十多次，抢救遇险群众七百六十余人，为保卫省会郑州的经济建设和社会发展做出了突出贡献。特别是在2008年5月赴四川抗震救灾战斗中，他为成功营救被困一百零四个小时的李青松和被困一百二十四个小时的卞

刚芬做出了突出贡献，创造了一个又一个生命救援的奇迹，赢得了各级领导和灾区人民的高度赞誉。

李隆同志先后荣立个人一等功一次、二等功一次、三等功三次；2006年7月，被河南省人民政府授予"抢险救援尖兵"荣誉称号，被共青团河南省委授予"新长征突击手"荣誉称号，并荣获"五四青年奖章"；2006年11月，被评为全国公安消防部队"灭火救援尖兵"。2006年12月被评为河南省第四届"杰出青年卫士"。2008年7月，被公安部授予"抗震救灾尖兵"荣誉称号，并荣膺2008年度"中国骄傲"；2008年10月，被共青团中央、全国青联授予"中国青年五四奖章"，被中共中央、国务院、中央军委授予"全国抗震救灾模范"荣誉称号。

15. 虚心学习，刻苦钻研，学到真本领

今天是星期日，过得很有意义。上午修路两百米，把几个坑洼的地方都填好了。开车的人对我说："你做了好事呀！把路修好了，以后行车就要少遭点罪了。"我想，是呀！为了使行车方便，减少车辆震动，以防机件受损失，自己少休息点，多劳动点，是完全值得的。

下午，我保养了一个小时车，其余时间帮老百姓种地。我看到老乡们犁地，心想：借此机会学习犁地也不错呀！我提出要求，就得到了老乡的支持，尤其是王老大爷真好，把着手教我犁地。开始，牲口不听我使唤，地也犁得弯弯曲曲的。学习了一会儿，找到了点门路，慢慢就顺手了。两个小时过去了，老乡说："休息一会吧，让牲口吃点饲料。"说实在的，这时我真不想休息，总想多学一会，虽然累了一身汗，我觉得学点犁地技术是完全划得来的。从内心往外说，我时刻都想多学点本领，更好地为人民服务。我时刻牢记着马克思的教导：不学无术在任何时候，对任何人，都无所帮助，也不会带来利益。今天，我为了人民的利益、阶级的利益、革命的利益，多学点本领就更为必要了。我所以要虚心学习，刻苦钻研，学到真本领，就是为此目的。

雷锋精神遍天下

死的光荣

武文斌是河南省邓州市张村镇人，1982年10月出生，2002年12月入伍到"铁军""叶挺独立团"。2005年7月，他考入解放军信息工程大学测绘学院，2007年7月回到所在师的炮兵指挥连实习，将于2008年7月毕业，但是在2008年6月18日那一天，他却光荣地牺牲了。

武文斌同志是从铁军部队走出来的钢铁战士，他铁心跟党，竭诚

为民，勤奋好学，扎实肯干，成为一名融我军优良传统与时代精神于一体的优秀青年。2008年5月13日，原本被连队安排留守的武文斌积极请战，坚决要求参加抗震救灾。

他满怀对党和人民的热爱，全力投身救援行动，先后参加了抢救遇险者、进村入户帮困解难、搜寻失事直升机、支援灾后重建、恢复生产等任务。转移群众他肩扛背驮，走在前面。搜救直升机，他不畏山高路险，一直在前面探路，并三次滚下山坡，幸运地被树木拦住。在安置群众与参与灾后重建中，他主动加班加点，连队安排轮休他也不休息，经常一人干几个人的活，终因过度劳累引发肺血管畸形破裂出血，经全力抢救无效，于6月18日凌晨四时四十五分不幸牺牲，在抗震救灾伟大斗争中光荣献出了年轻的生命。2008年6月21日，济南军区某集团军党委追认他为中共正式党员，追记一等功，批准他为革命烈士。

16. 发扬我军艰苦朴素、勤俭节约的优良传统

今天部队发放了夏天的服装，本来每人发两套军服、两双胶鞋……我想，当前国家正处在困难时期，再说，我们的国家还很穷。可是党和人民对我们却还这样无微不至地关怀，使我从内心感激党和人民的关怀。党和人民对我们这样好，我们也得为党和人民着想。应该积极响应党的号召，发奋图强，自力更生，处处做到增产节约，发扬我军艰苦朴素、勤俭节约的优良传统。

为了和人民群众同甘共苦，减轻人民的负担，共同克服目前的困难，我只领了一套单军服，一双新胶鞋，其他用品也少领了。以前用过的东西，我都修补好了，继续使用。穿破了的衣服补好了再穿。我觉得就是现在穿一套打补丁的旧衣服，也比我过去披的破烂衣服要好千万倍啊！

雷锋精神遍天下

勇者无敌

张正祥，昆明市西山区富善村村民。他是孤儿，1955年7月，只有七岁的正祥就失去了父母。由于缺少大人照料，他只身一个人钻进了滇池边的深山老林，吃滇池里的鱼和西山上的野果长大的。他认为父母给了他生命，而养育他的正是滇池。1962年，14岁的张正祥回到了富善村，由于好心人的帮助，他学会了写字、读书，19岁当上了生产队长。他给村民们立了条规矩，不许在滇池里洗衣，倒污，不许砍伐滇池边的树木。

上个世纪九十年代以后，随着当地经济建设的加快发展，滇池也

开始遭受各种污染。滇池四面环山，蕴藏着丰富的磷矿和石灰石。

很多人在此大规模地毁林开矿、取土采砂，造成污染物淤积、水源地破坏、蓝藻暴发等一系列严重后果。为了阻止在滇池边上采矿，张正祥拿着昆明市政府1988年颁布的《滇池保护条例》开始了他的滇池保卫战，他每周绕滇池走一圈，一圈就是一百二十六公里，他一共走了一千多圈。他把采石场破坏环境的场面拍成照片，向有关部门进行反映。在那段时间里，张正祥每天的工作就是在滇池边巡查、拍摄、写材料、反映情况。

在过去的三十多年里，张正祥花光了家里所有的积蓄，卖了养猪场。妻子无法忍受，离他而去。他的子女也经常受到不明身份的人的恐吓，小儿子因此患上了精神分裂症。张正祥自己更是经常遭到毒打。不理解的人称他为"张疯子"。张正祥说："不是我疯了，是那些人疯了。是那些人不知天高地厚了，疯得只知道钱了。"

让张正祥兴奋的是，2006年昆明市政府出台了《滇池水污染防治"十一五"规划》等治理滇池的方案，按照规划，2008年至2020年间，中央和云南当地政府对滇池治理的投入将突破800亿元，滇池的治理将迎来一个崭新阶段。

17. 圆满地完成了各项任务

从3月16日到今天,我开的汽车已安全行驶了四千多公里,没有发生事故,圆满地完成了上级首长交给的各项任务。

为了使车辆经常处于良好的技术状况,准备迎接新的任务,首长给了我一天时间保养车。从今早六点钟开始工作,清洗了燃油系,检查调整了电路,底盘各部机件打了黄油。当我把全车螺丝检查紧定完毕的时候,接到首长的指示,叫我马上出车,护送一个重病号到卫生连。我急忙收拾工具,出车护送。临走前,我看了下手表,已是下午一点了。这时我的肚子也感到有些空了。凑巧,我连炊事员给我送来了一盒午饭,大家叫我吃了饭再走。但是我想:阶级兄弟病重,处在紧要关头,抢救同志要紧,不能耽误时间,于是起车出发。

经过两个多小时急行车,终于把病号按时送到了卫生连,顺利地完成了任务。这时,我才松了一口气,感到格外的痛快。

到抚顺西部医院给伤病员送月饼

雷锋精神遍天下

践行信念

2004年2月，作为优秀年轻党员干部，沈浩积极响应省委号召，来到凤阳县小岗村，担任领导职务。在小岗村任职的近六年间，沈浩始终以党和人民的事业为重，干事创业，勤奋务实，勇于创新，无私奉献，以实际行动践行科学发展观，忠实履行共产党员的神圣职责，在广大干部群众心中竖起了一座巍峨的丰碑。

沈浩在小岗村住下来了，一住就是几年。处处为村里谋规划、办实事，大年三十还泡在村里，几年来一直租住在村民家中。2006年底，沈浩在小岗村任职三年届满，村民强烈要求把沈浩留下来，起草了一份言辞诚恳的挽留信，用按下红手印的方式，表达了自己的愿望。98颗鲜红的手印，感动了组织，也感动了沈浩。村民们派了十个代表，按下手印送到安徽省组织部、财政厅要求沈浩留在小岗村，再带领他们干三年。

2006年，小岗村跻身2005年度"全国十大名村"，2007年初，小岗村被授予"安徽省乡村旅游示范点"称号，一个美丽、和谐、富裕、文明的社会主义新小岗重新向世人展示着它独有的魅力。

2009年11月6日，沈浩因忘我工作，积劳成疾，倒在了工作岗位上，年仅46岁。为党的事业，为"三农"做出了重大贡献。

18. 按计划办事，害处很大

今天起床后，我们参加了后勤处的生产劳动。到地里后，有的同志没按计划带工具，本来叫带十把镐头、六把锄头，结果只带了两把镐头、五把锄头，影响了生产。

这件事，对我的启发教育很大。我认为不按计划办事，害处很大。今天所见仅仅是生产当中的一件小事，大事又何尝不是如此呢？我感到无论做什么，一定要事先有计划，不能盲目乱干。只有按计划办事，才能圆满完成任务。

雷锋精神遍天下

草原曼巴

王万青是甘肃省玛曲县人民医院外科主任医师，1968年，王万青从上海第一医学院毕业，响应党的号召，自愿来到条件极为艰苦的甘南藏族自治州玛曲县工作。

这是一个纯牧业县，当时交通条件十分落后，条件艰苦，许多外地干部职工，经受不住严酷环境的考验，一批一批地调离了。王万青不仅留下来了，还为玛曲的医疗卫生事业做出了巨大贡献。在长达四十多年的时间里，王万青始终如一地坚守着他最初的信念——做一个有价值的人，为党和人民做出一份贡献！他多次放弃了回上海的机会，凭着对玛曲人民、对藏族同胞的深厚感情，毅然选择长期留守在高原。四十多年的坚守，赢得了"草原曼巴"的亲切称呼（"曼巴"就是藏语"医生"的意思）。

在长达四十多年的时间里，王万青始终如一地坚守当初立下的誓言，坚守医生的职业道德，坚守对家庭的责任承诺，这份执著与坚定，却不是每一个热血青年都能做得到的。四十多年来，对党的坚定信念支撑他一路走来！王万青如今已年近七旬，他把一生都奉献给了这片草原，奉献给了玛曲的卫生事业和这里的人民。他说："我感谢玛曲草原人民给了我人生的意义，我感谢伟大的祖国让我继续一个上海人的草原故事。"

19. 星期日的加班

今天是星期日，本来应该休息。可是因为任务重、工作忙，再加上汽车行驶里程到了二级技术保养期间，我想：完成任务要紧，保养好车辆重要，牺牲个人休息嘛，没有什么。因此，我还是照常工作。上午调整了汽车各部间隙，换了手制动片。下午送工作组首长到我团工作，一路很平安……

雷锋精神遍天下

康巴铁汉

才哇，是青海省玉树藏族自治州玉树县结古镇扎西达通村第三社社长。2010年4月14日，玉树发生大地震，之后的十天里，这个坚强的康巴汉子总共的睡觉时间不足十个小时。然而，每当有救灾物资到来或者村民来找他，他都"精神抖擞"。

玉树地震中，他失去了三位亲人。然而他都没顾得上去看他们最后一眼，也不知道他们的遗体是如何处理的。

4月14日清晨，才哇在一阵山摇地动中蒙了，回过神来以后他立即冲出了家门，开上车赶往扎西达通村，去救自己的村民。路上，四处都是坍塌的房屋和被困的受伤群众。他开着车把在路上碰到的三名受伤群众送到了开阔的赛马场，然后折回了自己的村子。地震已将扎西达通村第三社四十三户村民的房屋变成了一片废墟，很多人依然埋在废墟下面。没有工具，才哇带人不停地用手扒着、刨着，乡亲一个个从废墟中被救了出来。

在赛马场边的一处空地上，几十顶帐篷整齐地围成了一个四方形的院子，几十户扎西达通村三社的村民成了一家人。才哇带领人把食物集中放在了院子中间。安排好这一切,才哇又急匆匆赶到了扎西达通临时村委会,协调和组织村干部为受灾的群众领取和发放救灾物资,此后,他几乎就没有离开过救灾物资分发现场。

  对乡亲有最深的爱,所以才不眠不休;对生命有更深的理解,所以才不离不弃。铁打的汉子,是废墟上不倒的柱,不断的梁。他沉静的面孔,是高原上最悲壮的风景。

20. 为了一个共同的革命目标

今天首长提升我当副班长，完全是党对我的高度信任和大力的培养。我决心不辜负党和首长对我的期望。从今天起，我要更好地听党和首长的话，并牢记毛主席的教导："我们都是来自五湖四海，为了一个共同的革命目标，走到一起来了。""我们的干部要关心每一个战士，一切革命队伍里的人都要互相关心，互相爱护，互相帮助。"坚决按毛主席指示办事，努力学习马克思列宁主义和毛泽东思想，事事以身作则，关心每个同志。以自己的实际行动，去影响和帮助同志，时时严格要求自己，全心全意为党工作，为战友们服务。耐心帮助同志们提高共产主义觉悟，组织大家更好地学习毛主席著作，用毛主席的思想指导一切行动……

雷锋精神遍天下

人生如炬

闵恩泽，是一位石油化工催化剂专家，中国石化石油化工科学研究院高级顾问。1946年中央大学化工系毕业，1951年获美国俄亥俄州立大学博士学位。

在化学领域，有一种神奇的物质，在它的作用下，能更快更多地生产所需要的产品，1835年，一位瑞典化学家将这种神奇的物质命名为"催化剂"。在过去的半个多世纪，中国石油炼制和石油化工领域，催化技术不断发生巨大变化。二十世纪五十年代，我国石油炼制催化剂领域还是一片空白，如今，国产催化剂早已跻身国际先进行列。这其中的一些重大创新和变化，几乎都无法绕过闵恩泽的名字。

十二世纪六十年代初，他参加并指导完成了移动床催化裂化小球硅铝催化剂，流化床催化裂化微球硅铝催化剂，铂重整催化剂和固定床烯烃叠合磷酸硅藻土催化剂制备技术的消化吸收再创新和产业化，打破了国外技术封锁，满足了国家急需。

二十世纪七十年代，他指导开发成功的Y-7型低成本半合成分子筛催化剂获1985年国家科技进步奖二等奖，还开发成功了渣油催化裂化催化剂及其重要活性组分超稳Y型分子筛、稀土Y型分子筛，以及钼镍磷加氢精制催化剂，使我国炼油催化剂迎头赶上世界先进水平。

二十世纪八十年代以来，他主持的"环境友好石油化工催化化学和反应工程"项目推动了我国绿色化学研究的广泛开展，"非晶态合金催化剂和磁稳定床反应工艺的创新与集成"获得2005年国家技术发明奖一等奖。

闵恩泽现在正筹划两件大事：一是把五十多年的自主创新案例写下来，以便于后来者学习培养创新型人才；二是探索利用生物质资源生产车用燃料和有机化工产品，迎战油价飙升和大量进口石油的考验。他的研究成果无疑将恩泽后世。

第四部分

助人为乐篇

1. 多为党做一些工作，这就是我感到最光荣的

中午十二点，我刚从车间开完会回到宿舍，一进门就被大家围住了。小王拿着一张报纸跑到我跟前说："雷锋同志，你看，你上次在雨夜抢救水泥，登了共青团员报了！"当时，我也和大家同样感到高兴。这对我和大家来说，都是很大的鼓舞。……我这么一点点贡献，比起党对我的要求和希望还是做得很不够的，但是我有决心忘我地劳动，赤胆忠心，不骄不傲地乘胜前进。多为党做一些工作，这就是我感到最光荣的。

雷锋精神遍天下

大山深处孤身支教

徐本禹出生于山东聊城的一个贫穷的农村家庭，从小过着清贫的生活，考入大学后，学习和生活遇到很多困难，被列入特困生，并得到学校的资助、老师同学的关爱和社会的帮助。这化为强大的精神动力，激励他自强不息，立志成才，做一个对国家、对社会、对他人有用的人。

2002年7月，徐本禹参加学校组织的暑期社会实践，到贵州省大方县猫场镇狗吊岩村设在山洞里的为民小学支教一个月。这次社会实践使他更加深刻地认识了国情，激发了强烈的社会责任感，决心以实际行动为改变当地贫穷落后的状况贡献自己的力量。返校时，孩子们依依不舍，他向孩子们承诺一年后再回去给他们上课。考上研究生后，他打算放弃深造机会，回到贵州实践自己"阳光下的诺言"。

2003年7月，徐本禹重返为民小学义务支教。为了保证他的基本生活，学校团委和他所在的经济贸易管理学院为他提供了生活补助。

后来，贵州团省委将他补入贵州扶贫接力计划。徐本禹深受感动和激励，每月从微薄的生活补助中节省出一半的钱，用来资助当地孩子上学。他的感人事迹经媒体报道后，社会各界纷纷伸出援手，使当地教育条件迅速得到改善，小学迁出山洞，搬进了新校舍，在校学生也由原来的不足一百人增加到二百五十多人。

2. 做一个真正的共产主义革命战士

昨天，当我听到车间总支李书记关于1959年征兵的报告后，我激动得一时一刻都没有平静。深夜了，我怎么也睡不着觉，便从床上爬起来，跑到了车间办公室，叫醒了已熟睡的李书记。我问他："我能不能入伍呀？"李书记笑着回答说："能呀！像你这样身强力壮的小伙子，参加人民解放军是顶呱呱的哩！"他从头到脚仔细地看了我一下说："唉呀，小雷怎么没穿棉衣呀！下这么大的雪，不冷吗？"这时我才觉得穿一身衬衣有点寒冷。李书记把棉衣披在我的身上。回到了宿舍，我还是不想睡觉，坐在条桌旁写我的入伍申请书和决心书。

今天一清早，我就到车间报了名。现在，我的愿望就要实现了，我怎么能够不高兴呢！只要组织上批准我入伍，我一定要把自己最可爱的青春献给我们的祖国，做一个真正的共产主义革命战士……

雷锋精神遍天下

搏击巨浪勇救人

2005年8月8日，青岛市刚刚经历一场巨大的台风袭击，下午五时左右，在青岛打工的魏青刚路过海滨广场防浪堤坝，突然一个巨浪打来，将一位女青年卷入大海。

面对危急情况，魏青刚没有丝毫犹豫，纵身跳入大海，抱着落水女青年向岸边挣扎着游来。可是快到岸边时，一排巨浪将他们打散，女青年又被卷入大海。

魏青刚此时已精疲力竭，可是喘息一阵之后，自告奋勇地穿上救生衣，套上救生圈，又跳入波涛汹涌的大海中。可是，在波涛汹涌的大海中，落水女子被一排排巨浪遮挡，魏青刚怎么也看不见她。多次努力之后，他只好又返回岸上。

这一次，他瞅准落水女的位置，跳入大海。他慢慢靠近落水女青年，抓住她的手，这时岸上的民警们急速拖拉救生圈，将他们拖向岸边。

把女青年救上岸后浑身是水的魏青刚正准备离去，被派出所警察拦住，问他姓名及地址。魏青刚只是说："我是河南的，在这里打工。"然后扭头消失在人群之中。

事发三天后，民警通过查验身份证明，终于找到了英雄魏青刚。青岛市授予他见义勇为先进个人，沙子口街道办事处见义勇为先进个人，同时还有2000元的见义勇为奖金，被救女子的家人也专程赶到魏青刚打工的工地，向他道谢，非要给他500元钱。但被魏青刚谢绝了，"我救人不是为了钱，我就是再穷也不能收这个钱。"

3. 助人为乐

因公外出，我在沈阳车站，看见了一个老太太，在汽车旁焦急地徘徊着，像是有什么困难。我上前询问，一看证明，原来这位老太太是从山东来部队找她儿子，路费用光了。我了解清楚后，立即请她老人家吃了饭，并给她买好到她儿子驻地的车票。本月8日，这位老太太的儿子，给我们部队首长写来了一封感谢信。

雷锋精神遍天下

真爱无疆

2005年10月1日，罗金勇与妻子罗映珍回家探望父母，途中罗金勇临危不惧与三名毒贩进行了殊死搏斗，因寡不敌众身受重伤，成了"植物人"。从那以后，罗映珍肩负起了照顾丈夫的责任，不离不弃，精心呵护，无怨无悔。罗金勇在医院接受治疗期间，罗映珍在医院附近租了一套房子，省吃俭用，每天全身心地守候在丈夫身旁，和丈夫说话，并含泪写下了六百多篇爱的日记，用日记呼唤着丈夫意识深处的觉醒。

每天早上五点，罗映珍便准时起床，以打果汁、煮粥作为一天的开始，在晨曦中带着做好的果汁和粥赶到医院，为丈夫洗脸、刷牙、按摩、擦拭身体、喂食……每天晚上罗映珍回到住处，都已经是深夜一点多。日复一日、年复一年，如今已有三个年头，罗映珍依然在默默地坚守，默默地付出，用饱含着真情和热泪的日记呼唤着丈夫的苏醒。她写道："我相信只要你有坚强的信念，你就能挺过来，意念可以创造奇迹，我们只有两条路可以选择，要么坚持，要么放弃，我选择继续坚持。"正是这种坚定的信念，使罗映珍一次又一次地战胜了心中的悲伤，点燃了内心的希望。现在，罗金勇已从深度昏迷的植物人状态中苏醒过来，能眨眼，能开口讲"你好"、"是"、"累了"等几个简单的字，并在特殊的体位下能喝水。见证了这个奇迹的人们都说，是罗映珍的坚持和爱，唤醒了沉睡的丈夫。

4. 一心向着党

望花区成立了一个人民公社，我把平时节约下来的一百元钱，支援了他们；辽阳市遭受了洪水的灾害，我把省吃俭用积存的一百元钱寄给了辽阳灾区人民。有些人说我是"傻子"，是不对的。我要做一个有利于人民、有利于国家的人。如果说这是"傻子"，那我是甘心愿意做这样的"傻子"的。革命需要这样的"傻子"，建设也需要这样的"傻子"。我就是长着一个心眼，我一心向着党，向着社会主义，向着共产主义。

雷锋精神遍天下

心灵放歌

2002年，刚从淮阳师范毕业的李灵，看到农村有大量留守儿童辍学在家，便萌生了在家乡办学的念头。在父母和亲朋的支持下，她办起了周口淮阳许湾乡希望小学。在学校，她是校长兼思想品德老师。在她的一手操劳下，这个学校有了七个班，一到四年级各一个，还有三个学前班，三百多名学生。由于所有学生全部免费，学校无力为学生购置教辅读物和课外书籍，而且七年来，李灵为建学校已欠下8万元外债。

年轻的李灵眼角已经布满皱纹，手上的皱纹也是操劳的印记。每次说到这些时，李灵总是不大好意思，"没有办法，我本身就是农村里头的，一直都忙这忙那，也顾不上这么多了。"李灵笑称，自己在学校是校长也是工人，"我自己给自己打工，没有工资的，每件事都要自己去跑。"

27岁，已是考虑结婚的年龄，面对这个问题，李灵苦笑着说："我现在没有男朋友,也没有时间去考虑这个问题。""现在的目标,还是要把这个阅览室建好,别的事情想都没想过。""现在大家都关注起来了,虽然获得的捐赠也多了很多,但是我的压力也大了很多,生怕做不好,辜负了社会对这些孩子的期望。我的梦想没有变,其他都得靠边。"

5. "对待同志要像春天般的温暖"

我发现×××同志坐在一旁看着大家吃饭,我走到他跟前,问他为啥不吃饭,他回答说:我今天早上吃了两盒饭,没有带饭来。于是我拿出了自己带的一盒饭给他吃。我虽然饿一点,让他吃得饱饱的,这是我最大的快乐。我要牢牢记住这段名言:

"对待同志要像春天般的温暖,

对待工作要像夏天一样的火热,

对待个人主义要像秋风扫落叶一样,

对待敌人要像严冬一样残酷无情。"

雷锋精神遍天下

烛照深山

李桂林、陆建芬夫妇是凉山彝族自治州甘洛县乌史大桥乡二坪村小学的教师,1990年,二人来到二坪村任教,村民的落后与贫苦深深地震撼了这对夫妇。

二坪是凉山北部峡谷绝壁上的彝寨,村民上下绝壁都要攀爬五架木制的云梯,进出极为艰难,村民一年难得下绝壁一次。就是在如此艰险的环境下,李桂林、陆建芬夫妇扎根这里18年,把知识的种子播种在彝寨,为村民走出彝寨架起"云梯"。使二坪这个过去的"文盲村、穷山村",变成现在的"文化村"。昔日的荒凉到今天的巨变,是与这两位老师付出的心血分不开的。

他们为偏远山区的教育事业撑起了一片蓝天。2007年,李桂林被授予全国模范教师荣誉称号。2009年2月15日,他们走出大山,来到北京并荣获2008年"感动中国人物"。

6. 参加人民公社的劳动

　　今天是春节假期的第四天，吃早饭的时候，连值班员说："上午九点集合到和平俱乐部看电影。"有一个同志问了一句："是什么片子？"他说："是《昆仑铁骑》。"大家都说："好极了，可不要错过这个机会。"我一边吃饭，一边想：春节五天假期过完了，19号就要开始冬训。为了响应党的号召，支援农业第一线，争取今年农业大丰收，我还是去多积点肥，支援人民公社，这样做有两个好处。第一，以实际行动支援农业，对社员们是一个鼓舞，同时也更密切了军民关系。第二，替居民搞了卫生。因小孩在屋前屋后拉了很多大粪，看起来脏得很，我去把大粪捡起来，给居民把地扫干净，这真是一件一举两得的好事，既搞了卫生又积了肥。

　　说干就干，我推着手推车，拿着铁锹和粪筐，走到了望花区北后屯，看见了工人住宅的屋前屋后有很多一小堆一小堆的粪便，我便立刻捡了起来。一位老大爷从宿舍里出来，很惊奇地问我："军人同志，你们过节还不休息么？"我回答说："响应党的号召，捡点大粪，支援农业，争取今年大丰收嘛。"那位老大爷点点头，笑着说："好啊好啊，你真想得周到，过年也不歇着，捡大粪送给公社，这得好好地表扬啦，这种精神也值得大伙学习呀。"我对老大爷说："支援人民公社，这是我应尽的义务。"那位老大爷很热情地叫我到他家里去休息一会，我谢了谢他老人家的好意，推着车子走了。到了下午二点钟，我捡了满满一车粪，送给了望花区工农人民公社。人民公社的负责同志们都很受感动。……

雷锋精神遍天下

义无反顾

孟祥斌,1979年出生于山东省齐河县刘桥镇刘桥村一个农民家庭。1997年高中毕业后参军,考入了中国人民解放军信息工程大学兰州分院。2007年11月30日,孟祥斌同志因奋不顾身搭救一跳江女青年而壮烈牺牲,年仅28岁。

2007年1月30日十一时许,孟祥斌刚刚完成训练任务回到部队,与临时来队探亲的妻子和三岁的女儿,利用休息时间前往市区购物。途经通济桥时,忽然传来"救人啊,有人要跳江"的呼喊。孟祥斌循声望去,只见一位年轻女子扔掉手机,从十多米高的桥上跳入江中,在水中上下沉浮,情景十分危急。孟祥斌说了声"来不及了",便迅速脱掉上衣外套和鞋子,跃上桥栏,纵身跳入冰冷的江中,奋力游向轻生女子。

孟祥斌奋力一次又一次将落水女子托出水面。因江宽水凉,体力不支,他和女子渐渐下沉。这时,闻讯赶来的一艘快艇驶近,孟祥斌用尽最后的力气将女子托出水面。快艇工作人员将女子拉上快艇,可孟祥斌却沉入江中,献出了28岁的年轻生命。

孟祥斌的壮举,震撼了当地群众。孟祥斌牺牲后,社会各界捐款捐物慰问他的亲属;当地媒体纷纷报道孟祥斌的舍己救人的事迹。

7. 为人民服务，这是我应尽的义务

今天早上接到上级首长的指示，要我到旅顺海军部队汇报。上午十点十五分，我乘火车离沈（阳）去旅（顺）。列车上的旅客很多，我看服务员忙不过来，心想，自己是一个共产党员，共产党员的全部任务就是全心全意为人民服务。在这种情况下，我应当做一名义务服务员，为旅客们服务。我把自己的座位让给了一个老大娘，自己在车上找到了一把扫帚，挨个扫完了整个车厢，接着又擦玻璃和车厢，而后给旅客们倒开水。有个老太太很亲切地对我说："孩子，看你累得满头大汗，该休息啦。"我回答说："没什么！"……一个大尉首长站起来握着我的手说："大家应该向你学习。"我对首长说："为人民服务，这是我应尽的义务。"

列车在飞奔，旅客们个个心情舒畅，有的打扑克，有的唱歌，有的唠家常，还有的妇女逗小孩，广播员播送各种新闻和好听的歌曲，整个车厢充满了愉快和欢乐。

"旅客们注意啦！现在我们车厢要选一位旅客安全代表。"乘务员说。一位旅客站起来说："选这位解放军同志，大家同不同意啊？"旅客们都异口同声地说："好。"我真感到这是同志们对我高度的信任，那么，应该更好地关心大家。和旅客打交道，真好极了，原先不认识的，也认识了，亲热得像一家人一样，真是有啥说啥。旅客们有事都找我，但我并不感到麻烦，反而觉得荣幸。……

雷锋精神遍天下

预防艾滋病宣传员濮存昕

2000年10月下旬,中国著名演员濮存昕在美国获得了由海外华人组织的慈善组织——美国爱心基金会颁发的杰出成就奖,该奖旨在表彰在中国抗击艾滋病中做出重大贡献的人士,除了濮存昕,此次获奖的另外三人为:关心和帮助中国抗击艾滋病事业的美国前总统克林顿、救助艾滋孤儿的香港"智行基金会"创建人杜聪、研究艾滋病疫苗和治疗方法的中国性病与艾滋病预防控制中心首席专家邵一鸣。

濮存昕是中国知名度很高的一位公众人物。2000年,他接受卫生部之邀,出任了抗击艾滋病宣传员。从那时起,濮运用自己的影响力和感召力,号召全社会重视艾滋病,关爱艾滋病患者,并身体力行地从精神上或者经济上帮助艾滋病患者和他们的家庭。

接受艾滋病宣传员这一委任后,濮存昕开始请教专家、查找资料,学习和了解有关方面的知识和信息。对艾滋病致病原因和传播途径的了解,消除了他原来对艾滋病的恐惧,而对艾滋病在中国传播情况的了解则使他感到忧虑。

在此后的几年内,濮存昕做了大量工作:拍公益广告、出演有关艾滋病的电影、对社会公众或政府机构人员做讲座和培训、在政协会议上提交有关提案,等等。所有这些工作,从所希望达到的效果来说,可以说有两个:引起社会对防治艾滋病工作的重视;呼吁社会关心艾滋病病人。

濮存昕说:"事情好像越做越多,因为我的原则就是要么不做,要做就一定要做好。"

8. 为了党和人民的事业

我到了××部队，好几个战友的眼睛出神地看着我。其中一个同志说："是雷锋！"另一个上士同志说："不是，雷锋一定是下士了，哪能还是一个上等兵呢？他可能是雷锋班里的战士吧。"他们都不敢肯定我是不是。和我一同去的同志对他们说："你们不认识他吗？他就是雷锋。"我笑着和他们握了手，并问好。其中有个战友可有意思，他伸出大拇指对我说："你是这个，呱呱叫的，起先我们都不敢认你，想必你一定是个下士了。"我笑着回答说："当兵很好嘛，都是为着一个目标——实现共产主义。"

我仔细分析了一下，他们想我一定是下士了，也许是有点"根据"。因报纸上都宣传过，同时党和首长都很信任，一定要提升得快一些。可是，他们没考虑到工作需不需要的问题。为了党和人民的事业，我总想多贡献一点力量，那些个人的军衔级别，我真没时间考虑。

雷锋精神遍天下

勇救落水儿童的长江大学大学生

2009年10月24日，长江大学文理学院的四十多名同学结伴出游，来到湖北荆州市宝塔河江段的江堤上野炊。下午二时左右，一些同学在长江边游玩时，突然发现两个小男孩在江中挣扎。同学们迅速冲了过去，先救起了一个男孩。但是在救另一个男孩时并不顺利。危急时刻，站在沙滩上的十多名同学赶紧手拉手组成人梯下水搭救，另一名少年也获救。但是，由于水情复杂，加上学生们体力不支，最终搭起的人梯被冲垮了，很多学生落入江中。岸边的同学们大声呼救。附近的冬泳队队员闻声赶来，相继从水中救起六名大学生。而陈及时、何东旭、方招三人却因救人后体力不支消失在湍急的江水中，献出了年仅19岁的宝贵生命。

感动中国推选委员会委员刘姝威这样评价他们：他们用19岁的肩膀铸造生命之梯，他们的行动体现了当代大学生的社会责任感。涂光晋：三个年轻生命的逝去和两个孩子的生还，并不是简单的生命风险交换，而是在修复和重构着健康社会应有的道德基石。杜玉波：他们纵身一跃，划出了人生最壮丽的弧线，他们奋力一举，绽现出生命最高尚的光芒。他们用青春传承了见义勇为，用无畏谱写了一曲英雄的赞歌。阎肃：挺胸踏浊浪，何惧生与死。至今江水上，清风满襟袖。

9. 奋发图强，自力更生，克服当前存在的暂时困难

现在，我们国家处于困难时期。我们是国家的主人，应该处处为国家着想，事事要精打细算，不能今朝有酒今朝醉，明日愁来明日忧。我们要奋发图强，自力更生，克服当前存在的暂时困难，坚决反对大吃大喝，力戒浪费。……

同志，你是否意识到您的一切生活在幸福之中？可能意识不到，也可能意识到了。当您能吃一顿饱饭，穿上一套衣服，能当家作主，自由地生活，你有如何感觉呢？有一种说不出的幸福感。这是党和毛主席给您带来的，是革命前辈流血牺牲给您带来的。

雷锋精神遍天下

母爱齐天

陈玉蓉本是一个普通的工人，他的儿子叫叶海斌，13岁那年，海斌突然变得说话结巴、连走路都走不直了，他被确诊为一种先天性疾病——肝豆状核病变，肝脏无法排泄体内产生的铜，致使铜长期淤积，进而影响中枢神经、体内脏器，最终可能导致死亡。

为了保住她的孩子，她愿意用自己的肝换取儿子的性命。然而医生告诉她患有重度脂肪肝，脂肪变肝细胞占50%-60%。这种情况，一般不适宜做肝捐赠。

当天晚上，陈玉蓉就开始了自己的减肥计划。由于医生叮嘱不能乱吃药，运动也不能太过剧烈，她选择了走路。

陈玉蓉早上走一次，晚上走一次，一天就是十公里。每餐半个拳头大的米饭团，常人难以想象需要怎样的毅力才能坚持。陈玉蓉说："有时我也感觉看不到尽头，想放弃。但我坚信：只要我多走一步路、少

吃一口饭，离救儿子的那天就会近一点。"

七个多月后，她已从68公斤减至60公斤；肝穿显示：脂肪变肝细胞所占小于1%。脂肪肝没有了！这个结果让陈知水教授大为震惊，当时为了安抚她，说只要努力，半年也许可以消除脂肪肝，没想到她真的做到了。"这简直是个奇迹！"

对此，医生连声感叹：从医几十年，还没有见过一个病人能在短短七个月内消除脂肪肝，更何况还是重度。"没有坚定的信念和非凡的毅力，肯定做不到！"

2009年，儿子的手术终于顺利地完成，上苍用疾病考验人类的亲情，她就舍出血肉，付出艰辛，守住信心。她是母亲，她一定要赢，她的脚步为人们丈量出一份伟大的亲情。她用行为阐释了母爱齐天，也让陈玉蓉得到了"暴走妈妈"的称号。陈玉蓉的感人事迹也以"暴走妈妈"为名翻拍成电影。

10. 为了共产主义事业!

今天是伟大的"五一"国际劳动节,我感到特别的高兴。为了纪念这个伟大的节日,我没有上街看热闹,把房前屋后、室内室外干干净净地打扫了一遍,帮助炊事班洗菜、切菜、做饭,用了三个小时。其他大部分时间用于学习《王若飞在狱中》这篇文章。我读了一遍又一遍,越看越爱看,越读越感动。读完之后深深感到,我们不应该忘记过去!

在旧社会里,广大劳动人民受着国民党反动派的剥削压迫,过着牛马不如的生活。在惨无人道的旧社会里,有多少人像刘宝全这样白白地死去啊!

和千千万万受剥削受压迫的劳动人民一样,在旧社会里,我家也

雷锋在劳动

受尽了旧制度的折磨和凌辱……解放了,我才脱出苦海见青天!革命前辈用生命和鲜血拯救了我,伟大的共产党和毛主席拯救了我!……我要永远听党的话,永不忘记过去,为了共产主义事业,要像王若飞同志那样,永生战斗!

雷锋精神遍天下

舟曲之子

在2010年"感动中国"颁奖盛典现场,主持人白岩松问获得殊荣的武警甘肃总队甘南支队警官王伟:"这几天,恰恰是孩子的预产期,想过孩子的名字吗?"王伟只是轻轻地点了点头,什么也没有说。短暂的沉默中,观众们深深地体会到这位曾经的准爸爸心中巨大的痛。

2009年8月8日,一场罕见的山洪泥石流灾害袭来时,王伟迅速带领中队二十八名战士舍生忘死,第一时间奋力抢救出二十三名遇险群众。然而,与此同时,泥石流却夺走了妻子、岳父、岳母、妹妹及未出生的孩子共五个人的生命。王伟和战友们救人的地方离他家还不到五百米。王伟强忍悲痛,和战友们一直坚持战斗在任务最繁重、最危险的地方,抢救出了更多的遇险群众,当地群众亲切地称他为"舟曲之子"。

也许是想获得一丝心灵的慰藉,渐渐走出阴霾的王伟,来到部队援建的一所爱民小学,主动资助了两名藏族小学生。孩子们也用自己的方式来回报这个汉族"阿爸",他们教王伟唱藏族歌,跳锅庄舞,用不太熟练的汉语给他写信,告诉他学习生活中的点点滴滴。读着两个孩子不太通顺的来信,王伟感到了一种前所未有的幸福。一次,王伟问两个孩子长大后想做什么。贡保草的理想是当一名教师,而普华杰的理想则是,要像王伟"阿爸"一样,当一名军人,英雄式的军人。

11. 替战友理发了

目前我们的军事训练很紧张，干部战士的工作、学习简直忙得不可开交，晚饭后的一个小时休息时间，大家都主动地到地里搞生产，有些战友连上街理个发的时间也抽不出来。根据这种情况，首长给我们买了三套理发的工具，要我们自己互相理发。……我利用业余时间，跑到附近的理发店，请教理发师，在理发师的耐心指导和帮助下，学会了基本的操作方法。

我第一次给战友刘正武理发时，总是感到手不顺心，推剪夹头发，一个头还没有理到一半，他说剪刀夹得头皮痛，不剪了。开头一次学理发失败了。……

我鼓足了勇气，午休不睡觉，跑到理发店继续学习，在理发师的热情帮助下，一次、两次、三次，终于学会了理发。现在战友们都愿意要我理发了，到了星期六或星期日，我就忙不开。以前不要我理发的刘正武战友，也主动地要我给他理发了。

雷锋精神遍天下

最美洗脚妹

刘丽，2010年"感动中国十大人物"，被网友称为"中国最美洗脚妹"。2011年全国道德模范候选人。2011年9月20日，在第三届全国道德模范评选中荣获全国助人为乐模范称号。

刘丽因家境贫寒，14岁就辍学外出打工，挣钱为弟弟妹妹交学费、贴补家用。她先后到湖北、江苏等地打工，做过服务员，当过保姆。2000年至今，刘丽一直在厦门一家足浴城当"洗脚妹"。她用在福建厦门做洗脚妹攒下的辛苦钱捐资助学，延续了几十个穷孩子的读书梦，还号召数百位好心人加入了她的爱心团队。

然而，让身边所有人意想不到的是，为了"生计"打拼的刘丽，她自己却仍然过着艰苦朴素的生活。

据厦门同安区妇联透露，从2006年起，刘丽通过厦门市妇联在同安一些中小学校展开一对一资助，资助人数也从最初的七个至十个，到现在固定的三十七个。"只要我看到，我能帮，我就帮。"刘丽说，"看到需要帮助的人得到帮助，这就是我的快乐。"

眼下，刘丽正忙着租房，她打算和几个姐妹合开一家小足浴店。"我还要多挣钱，将捐资助学进行到底。"刘丽笑着说。

12. 我愿意把自己所有的东西，包括生命献给党和人民

我要牢记这样的话：永远愉快地多给别人，少从别人那里拿取。这种共产主义精神，我要在一切实际行动中贯彻。

今天，我听战友×××说：没有日记本了，手中无钱买。我立即把自己一本新的日记本送给了他。这仅仅是一点小意思。我愿意把自己所有的东西，包括生命献给党和人民……

雷锋精神遍天下

大医医心

1997年，当时是上海市虹口区广中医院理疗科医生的陈晓兰，偶然发现本院在使用一种叫"光量子氧透射液体治疗仪"的医疗器械。医院鼓励医生使用这种仪器进行所谓的"激光针"疗法，每次收费40元，每开给病人一次，医生都有大约7元提成。该仪器说明书称，以输液用葡萄糖或生理盐水为载体，经紫外线照射、高压充氧后输入人体，能提高血氧饱和度和机体免疫力。

但陈晓兰发现，没有人回答"药物在经过充氧和光照之后，药性是否会产生变化，以及这种变化是否会造成危害"这类问题。在医院，这种"激光针"被大部分医生宣传为"神仙机器"，而病人也对此深信不疑，因而每天有很多人排队在那里打针。而陈晓兰发现，多数打过针的病人没有留下病史记录，这意味着无法证实这种针是否会对人体造成潜在危害。

不久，她又发现与这种治疗仪配套使用的"一次性石英玻璃输液器"生产许可证编号、产品登记号等是假的。1998年，在陈晓兰多次

举报之后，上海市有关部门宣布取消了这种疗法。

从那时至今，陈晓兰举报的八种假劣医疗器械被证实、被查处。有人把陈晓兰当作英雄，也有人把她称为"叛徒"。多年打假，陈晓兰花光了自己的积蓄，贴上了自己的健康，甚至被人污为"精神有问题"，原本平静的生活更是坎坷不断。

但陈晓兰无怨无悔，矢志于打假。究其因，诚如她常说的一句话："我是医生，我在和生命打交道！我要对得起自己的良心！"

3. 帮战友洗袜子

今天可有意思，×××同志出车回来，惊奇地问这个，问那个，不知是谁给他洗了一条衬裤和一双穿得发了臭的袜子，可是没有一个人说话，究竟是谁给他洗的呢？只有我知道，但是我没有说，我觉得这是自己应尽的义务。

雷锋精神遍天下

信义兄弟

孙水林、孙东林兄弟出生在湖北黄陂一个农民家庭。因家境贫寒，孙水林初中毕业后就辍了学，学做木匠。1989年，他带着弟弟孙东林拉起一支十几位老乡组成的队伍，开始承接装修工程。在层层发包的建筑业，拖欠工人工钱的事件常有发生，可二十年来，无论多么困难，孙水林兄弟却从未拖欠过工人工钱，虽然他们也有经济危机的时候，也常常被拖欠账款。

在孙东林记忆中，因为上层发包商工程款没有到位，哥哥拿出积蓄，甚至贷款垫付工钱的事，不下十余次。"哥哥从来不将自己所受的委屈与损失转嫁给手下的工人，他常跟我说，工人跟你辛辛苦苦干了一年，你却拖欠他们的工钱，将何以心安呢？诚信比金钱更重要，只有建立在诚信基础上的财富才会取之不尽，用之心安。"

2010年2月9日，是腊月廿六，天气预报说，天津至武汉地区即将出现雨雪天气。为了抢在大雪封路前返回武汉结清部分农民工的尾款，孙水林连夜从天津驾车回家，却在途中惨遭车祸，车上一家五口全部遇难。

弟弟孙东林为了完成哥哥的遗愿，在大年三十前一天，来不及安慰年迈的父母，将工钱送到了农民工的手中。因为哥哥离世后，账单多已不在，孙东林让民工们凭着良心领工钱，大家说多少钱，就给多少钱。钱不够，孙东林就贴上了自己的6.6万元和母亲的1万元。就这样，在新年来临之前，六十多名民工都如愿领到工钱，孙东林如释重负。

"新年不欠旧年账，今生不欠来生债。"孙水林、孙东林兄弟二十年坚守承诺，被人们赞为"信义兄弟"。2010年9月，孙水林、孙东林兄弟入选"中国好人榜"。

14. 帮助有困难的同志

×××同志是新调来我班的一个好同志。过去受过苦，现在革命热情高，工作能吃苦。他来自农村，学习少，政治觉悟比较低，对各种问题的看法有时片面……和同志们比较起来是落后了。我觉得这个同志有一个最大的特点，就是敢于改正缺点和错误。从这点来看，还是有办法的。我们班有的同志对他看法不好，说他是个落后分子，就因他调到我们班，有的同志不大满意……针对这个矛盾，我组织大家学习了毛主席"共产党员对于落后的人们的态度，不是轻视他们，看不起他们，而是亲近他们，团结他们，说服他们，鼓励他们前进"的教导，大家统一了认识，改变了态度。

×××同志调到我班的第三天就病了。……我觉得自己有责任去关心他，体贴他，给予他温暖。一清早，我请卫生员给他看了病，并给他打开水吃药，打洗脸水，给他洗脸，做病号饭送给他吃，把自己的棉大衣给他盖在身上，安慰他好好休息。到澡堂洗澡的时候，我给他擦澡……在生活方面我给予他适当的照顾。他激动地对我说："班长，你对我太关心了，人心都是肉长的，我再不好好干，也说不过去了。"第四天一早，他就主动地打豆子去了。我们吃早饭的时候，他打了一麻袋豆子背了回来。

雷锋精神遍天下

最美妈妈

吴菊萍，本是是杭州市的一名普通女性。2011年7月2日下午一点半，在杭州滨江区的一住宅小区，一个二岁女童突然从十楼坠落，在楼下的吴菊萍奋不顾身地冲过去用双手接住了孩子，受到重创造成手臂骨折，孩子经过抢救已无生命危险。经诊断其左手臂多处骨折，受伤较严重，完全康复可能需要半年时间，但治愈的希望很大。该事件被报道后，在网络上热传，无数人为之动容。当被问及救人动机，吴菊萍回答说："这是本能，是作为一个母亲应该做的事情。"

一位名叫"天青"的网友，在听说了这位妈妈的壮举后，立马用他所学的公式估算出，吴女士接到小女孩的一瞬间，她的手臂承受335.4公斤的物体。

她也是一名母亲，事件发生时孩子只有七个月大，还在哺乳期。在坠楼女孩生死瞬间，明知巨大的冲击力会造成伤害，她还是毫不犹豫地伸出手去，这样的牺牲精神让人感动，被称为"最美妈妈"。

在之后的宣传、表彰以及各类报道中，吴菊萍及其家人始终保持低调的态度，她淡淡地说："我是个普通人，终究还要回到普通的生活中去。"

15. 当一名无名英雄

今天是星期日，我没有外出，给班里的同志洗了五床褥单，帮×××战友补了一床被子，协助炊事班洗了六百多斤白菜，打扫了室内外卫生，还做了一些零碎事……总的来说，今天我尽到了一个勤务员应尽的义务，虽然累了点，也感到很快活。班里的同志感到很奇怪，不知道谁把褥单洗得干干净净的。×××同志惊奇地说："谁把我的破被子换走了？"其实他不知道是我给他补好的呢！我觉得当一名无名英雄是最光荣的。今后还应该多做一些日常的、细小的、平凡的工作，少说漂亮话。

雷锋精神遍天下

高义薄云

胡忠、谢晓君夫妇本是成都石室联合中学的老师。2000年，胡忠在晚报上看了一篇关于甘孜州康定县塔公乡一所孤儿学校急需老师的报道，动了支教的念头。他带着妻子到当地考察后，两人为当地的艰苦状况震惊。胡忠下定了决心，妻子支持他的决定。这时候，他们的女儿刚刚出生不久。

孤儿学校处在海拔3800米的康定县塔公乡，是一所福利性质的民办公助寄宿制学校。这里是甘孜州十三个县的汉、藏、彝、羌四个民族一百四十三名孤儿的校园，也是他们完全意义上的家。胡忠以志愿者身份来到塔公乡，三百多元生活补助是他每月的报酬。

2003年，在丈夫的召唤下，妻子带着三岁的女儿也来到这里支教。谢晓君音乐学院弹得一手好钢琴，可学校最需要的却不是音乐老师。生物老师、数学老师、图书管理员和生活老师，三年时间里，谢晓君尝试了四种角色位置，顶替离开了的志愿者和支教老师。

2006年8月，一座位置更偏远、条件更艰苦的学校"木雅祖庆"创办了，她主动前往当起了藏族娃娃们的老师、家长甚至是保姆。2011年2月，她甚至把工作关系转到康定县，并表示"一辈子呆在这儿"。

高原的阳光最美，这里的孩子笑容最灿烂，胡忠和谢晓君最喜欢看到孩子们灿烂如花的笑脸，那是祖国的未来和期望。胡忠和谢晓君相信："爱心是幸福的源泉，爱心会传递下去。"他们会继续坚守在高原，把这份爱延续下去。

16. 我愿做个大粪夫

我看到厕所的粪池满了，立即动手把大粪掏出来，虽然牺牲了自己一上午的休息时间，但是厕所里弄得很干净了。人家开玩笑地说我是一个大粪夫。我觉得当一个大粪夫是非常光荣的。1959年参加北京群英会的时传祥同志，不就是一个掏大粪的工人么？我要是能够当一个这样的大粪夫，那该多荣幸啊！

雷锋精神遍天下

母爱最真

阿里帕－阿力马洪是一名普通的维吾尔族妇女，可是她的精神却感动着每一个人。从1963年收养邻居家的三个孤儿开始，维吾尔族阿妈阿里帕又先后收养了汉、回、维吾尔、哈萨克四个民族的十余个孤儿。

1977年，阿里帕的妹妹在医院门口发现了疾病交加，满头头癣的王淑珍，将她领回阿里帕家。阿里帕给她取了个维吾尔族名字叫哈比扎，意思是"维护、保护"。一年后，小淑珍的回族兄妹王作林、王淑英、王淑花也来到了阿里帕家。1989年，小淑珍的继父金学军也去世了，留下金海、金雪莲、金花三个汉族孤儿，阿里帕再一次敞开母性温暖的怀抱收养了他们，将他们抚养成人，帮他们成家。

为了不让孩子们饿肚子，阿里帕的丈夫阿比包每天下了班就去帮人家打土块。阿里帕则每天都要到菜市场捡别人不要的蔬菜。虽然家里养了两头奶牛，但谁也不舍得喝奶，全部卖了换钱以支付孩子们的学费和购买生活必需品。

尽管日子过得清贫，但每个孩子都享受着家的温暖。对于收养的孩子，阿里帕待他们比亲生孩子还亲，阿里帕最小的亲生女儿上初中时还没穿过一件新衣裳。

  2008年8月,操劳一生的阿比包病逝。子女们争抢着赡养阿里帕老人。每到过年过节,孩子们都会回家团聚,围在老人身边。每当有孩子问:"阿妈,你对哪个孩子最好?"老人总会大笑说:"手心手背都是肉,一样亲!"

17. 帮助战友

今天下大雨，我看到咱们车场放了两堆苞米，虽然用雨布盖上了，但是我还不放心，跑去一看，发现苞米被雨淋湿了不少。我真心痛极了……立刻组织了全班的同志冒雨收苞米。有的拿大筐，有的拿麻袋，装的装，抬的抬，很快就把两千多斤苞米搬到了家里，免遭损失。虽然衣服湿了，但是粮食收回来了，自己放心，心里快活了。

昨晚我连车辆紧急集合，×××同志搬电瓶发动车时，洒了一些电瓶水，衣服上沾了不少。因电瓶水是硫酸和蒸馏水混合而成的，腐蚀性大，结果他那条新棉裤烧了几个大口子。今天我看他很不高兴，着急找不到黄布补裤子。我立即拆掉自己的棉帽衬洗干净（棉帽衬是黄布做的），在夜里，当他睡着了，我用棉帽衬那块黄布偷偷地给他把新棉裤补好了。×××知道这件事后，便激动地对我说："班长！你对我太关心了……"

雷锋精神遍天下

义侠巴郎

阿里木江·哈力克，是一名维吾尔族青年。1992年，阿里木江·哈力克退伍，在当地供销社工作。供销社破产，他走南闯北以卖烤羊肉串谋生，吃尽了苦。

2001年，他到贵州省毕节市落脚。生意越来越好，赚的钱多了起来。然而，阿里木江依然很"穷"。原来，从2002年开始，他不断地捐助有困难的学生。当年4月，他把500元钱交到了毕节师专贫困生赵敏手中。2003年12月，他看到患肾病的男孩周勇，因为家庭困难交不起医疗费，妈妈在病床边垂泪，立刻向记者朋友求助，又组织捐款，后来有两家医院被他感动，免费给周勇治病。2007年11月，得知大方县达溪镇聚河小学学生缺书包，学校很长时间没举行升旗仪式，他就买了一百八十一个新书包和一面五星红旗，借了一匹马，翻山越岭两个多小时，送到学校。听说一小学四十一名学生交不起学杂费，马上冒雨送去5000元；从新闻中偶然看到一名大学生在井下挖煤，就每月给他100元生活费……

在毕节，从小学、中学到大学，到处都有阿里木江捐助的贫困学生。他还在贵州毕节学院和贵州大学设立"阿里木江助学金"。汶川大地震、贵州雪灾后，阿里木江踊跃捐款。玉树地震发生后，他索性背上锅碗瓢盆赶赴青海，从西宁采购了几千块钱的牛羊肉和蔬菜，不顾高原反应，拿着身份证和退伍证，成了二炮部队救灾前线一名"编外"战士，奋战了十余天。当地群众和部队官兵对这个维吾尔族兄弟由衷敬佩，个个翘起大拇指。

阿里木江的事迹感动了无数人。现在，他的家乡和静县成立了"阿里木江·哈力克民族团结一家亲助学基金"。新疆主要新闻媒体开设了"'阿里木江精神'大家谈"栏目。他获得新疆青年五四奖章、自治区"外出务工模范"荣誉称号，当选第二届贵州省道德模范，入选中国文明网"中国好人榜"，2007年贵州都市十大人物，贵州省第二届"助人为乐"道德模范及2011"感动中国"人物。

18. 为战友捐款

我班×××同志的母亲病了,今天来信叫他请假回家看望。首长批准了他三天假。可是他着急回家缺钱,想买点东西给母亲吃,钱又不够。正当他为难的时候,我一考虑心里过不去,我想:他的母亲就像我的母亲一样,他有困难,也等于是我的困难。我和他是阶级兄弟,应当互相帮助。想到这里,我立刻拿出了自己的10元津贴费,还买了一斤饼干,一齐交给他,叫他带回家给母亲。×××同志接到我的钱和饼干后,激动地说:"班长,我太感谢你了……"

雷锋精神遍天下

大慈善家

霍英东,1923年生于香港。7岁丧父。12岁进香港皇仁英文书院,因抗日战争爆发而辍学。当过渡轮加煤工、机场苦力、修车学徒、铆工等。二十世纪四十年代末,从事海上驳运业务,开始了创业生涯,后来成为香港著名的企业家。

霍英东先生也是著名的爱国人士,他年轻时就有为国家做事的志向、激情和胆略。抗美援朝期间,在西方国家对我国实施全面禁运、港英当局武力"缉私"的情况下,他在香港组织了颇具规模的船队,为祖国运送了大量急需物资,有力地支援了抗美援朝。

二十世纪七十年代末,国家改革开放伊始他就着手筹划到内地投资,成为最早到内地投资的香港企业家之一。他坚决拥护邓小平同志提出的"一国两制"伟大构想,为确保香港平稳过渡、顺利回归和长期繁荣稳定殚精竭虑,作出了突出贡献。香港回归祖国后,他又为维护香港繁荣稳定作出新的贡献。

改革开放以来，霍英东先生积极投身内地经济建设。先后投资或捐赠了多个重大项目。他倾力支持国家的教育事业，捐出巨款设立各种基金会支持内地教育，累计达7.6亿港元。

他和香港其他爱国企业家于1982年联合发起建立的培华教育基金会，为内地培训经济管理人才和少数民族地区管理人才一万多人。

他不遗余力地支持国家的体育事业。1974年，在他的大力奔走和积极努力下，中国恢复了在亚洲足球联合会的席位，此后他又积极推动中国重返羽毛球、篮球、排球、自行车等体育项目国际组织。他为北京主办第十一届亚运会和申办2008年奥运会作出了重大贡献。二十多年来，他为支持国内竞技体育和群众体育事业发展捐赠的款项达十多亿港元。

改革开放二十多年来，他为内地的发展总支出九十多亿港元。他说："我们在内地多方投资、捐赠，目的只有一个，就是希望国家兴旺、民族富强。我始终没有忘记自己是一个中国人，我愿尽我之所能，为国家的繁荣昌盛多办些实事。"

19. 越是困难的地方越是要去

如果我们革命队伍中存在着这种怕苦怕累的思想,对工作会有影响,对革命不利,如不及时纠正,会造成什么后果呢?我想来想去,又想起了毛主席的教导,毛主席说:"什么叫工作,工作就是斗争。那些地方有困难、有问题,需要我们去解决。我们是为着解决困难去工作、去斗争的。越是困难的地方越是要去,这才是好同志。"当天吃过晚饭,我组织全班同志学习了这篇文章。通过学习,大家提高了认识,统一了思想。

第二天本来是星期日,大家向我提出要求不休息,积肥支援农业。睡觉之前,×××和×××等同志把粪桶及工具都准备好了。第二天天刚亮,我发现铺上的人都不在了。还没吹起床号,他们到哪里去了呢?我披着大衣出去找,真出乎我的意料之外,大家积了好大一堆肥料。我看到同志们那股热火朝天的干劲,既高兴又激动,便立刻拿起工具和大家一起干了起来。×××同志一边掏大粪,还一边对我说:"毛主席著作真正好,学了浑身添力量……"吃早饭的时候,大家都对我说:"班长,今后我们要多做工作,别人不爱干的活咱们干。"

雷锋精神遍天下

爱心大姐

林秀贞,是河北省衡水一名普通农民。1998年1月,林秀贞到合肥洽谈业务,在火车站候车时遇到一名弃婴。婴儿由于患有先天性心脏病和小儿痴呆症而被遗弃。林秀贞把婴儿抱回了家,花了八千余元给他治病。她把孩子看得跟亲生儿子一样亲,正式办理了领养手续,给了孩子一个温暖的家。

1992年以来，林秀贞先后出资4万余元，资助本村和邻村的十四名贫困学生考取大中专院校，圆了他们的求学梦。1992年她一次就为邻村一名考上大学的学生捐资5500元。2007年她又为一位父亲刚刚去世、母亲身患癌症的辍学女生捐助了6000元，帮她完成了学业。

　　林秀贞三十年来义务赡养了六位孤寡老人，在她的带动下，村里的敬老之风也越来越好。林秀贞还还帮助二十九名与自己没有任何血缘关系的困难群众走出困境，圆了他们的"家庭梦"、"求学梦"、"养老梦"和"就业梦"。2010年，林秀贞捐款5万元为村里安装自来水，全村老少爷们儿也都全力支持，短短一个月时间工程就顺利完成了。

　　林秀贞的光辉事迹，受到群众的高度赞扬。她先后被授予河北省优秀共产党员、全国三八红旗手、全国优秀共产党员等荣誉称号。2009年入选"100位新中国成立以来感动中国人物"。

20. 车站义务劳动

今天是大年初一…… 我和同志们打了两盘乒乓球，心里觉得有件什么事没做似的。我想了想，每逢过年过节是人们探家和走亲戚的好日子，这个时候也正是各种服务部门和运输部门最忙的时候，这些地方是多么需要人帮忙啊。

我向副连长请了假，直奔抚顺车站。我刚到，正好一列火车进站。我看到一位老太太很吃力地背着一个大包袱上火车，我急忙跑上前，接过那老太太的包袱，扶着那老太太安全地上了车，给她老人家找了个座位，我才放了心。我要下车的时候，那老太太紧紧地握着我的手说："你真是毛主席和共产党教育出来的好兵……"

我拿着扫帚扫候车室的时候，车站的主任对我说："你辛苦啦，休息休息吧。"我没有休息。我觉得这是自己应尽的义务。我给旅客们倒开水的时候，他们说："解放军真好，处处关心人。"我这样做，能使人民群众更加热爱党，热爱毛主席，热爱解放军，这就是我感到最幸福的。

雷锋精神遍天下

青岛爱心群体微尘

"微尘"：起初，是青岛一位数次捐款不留姓名的普通市民；后来，扩散成一个爱心群体；再后来，扩展成一个关爱他人的爱心符号。

"微尘"在印度洋海啸、湖南水灾、喀什地震以及非典时期数次向灾区捐款，多次救助贫困患病儿童和福利院孤儿。大家都觉得我们的社会需要这样有公益心的人，不一定要有多少钱才可以，重要的是有这样的爱心。微尘是个值得尊重的人，她不图名、不图利，只想以自己的方式做善事，同时大家希望微尘这两个字成为青岛公益事业的一个符号。

当人们正在努力寻找"微尘"的时候，一个又一个"微尘"出现了……截至目前，青岛市红十字会收到的上千笔捐款中，很多捐助者都署名"微尘"。

默默无闻、不图回报的"微尘"，在青岛愈来愈多，由一个人发展成一个爱心群体，由一个群体成为一种普遍风气。"微尘"，已成青岛的爱心符号，如今在青岛，从城区到农村，大街小巷里，几乎每一本募捐册上都能看见署名"微尘"的记录，几乎每一个募捐站旁都会听到"我叫微尘"的回答。

如今，越来越多的人热心公益、无私奉献、关爱他人。"微尘"已成为青岛市一个体现爱心的公益品牌，当选为2005年"全国十大社会公益之星"，并荣获中华慈善奖。

21. 雪中送暖

昨天下了一场大雪，今天显得格外的寒冷。吃过早饭，我到团里开会,在路上遇到一个十来岁的小孩，他穿的衣服很单薄，冻得打哆嗦，我看了心里过不去，立即脱下自己的棉裤，送给了他，这时我心里真感到有说不出的高兴。

雷锋精神遍天下

大爱无疆

白方礼生于1913年，祖辈贫寒，13岁起就给人打短工。他从小没念过书，1944年，因日子过不下去逃难到天津，流浪几年后当上了三轮车夫。

靠起早贪黑蹬三轮车糊口度日，经常挨打受骂，让人欺负，再加上苛捐杂税，终日食不饱腹。解放后的白方礼，靠自己的两条腿成了为人民服务的劳动模范，也靠两条腿拉扯大了自己的四个孩子，其中三个上了大学。同时，他还供养着20岁就守寡的姐姐，并支援侄子上了大学。一个不识字的老人，对自己能用三轮车碾出一条汗水之路，把子女培养成大学生感到无比欣慰。老人的儿子回忆说，父亲虽然没文化，但就喜欢知识，特别喜欢有知识的人，从小就教导他们好好学习，谁要学习不好，他就不高兴。

1987年，已经74岁的他决定做一件大事，那就是靠自己蹬三轮的收入帮助贫困的孩子实现上学的梦想。这一蹬就是十多年，直到他92岁逝世。

为了让贫困的孩子们能安心上学，白方礼老人靠自己的劳动，在十多年的时间里先后捐款35万元，资助了三百多个大学生的学费与生活费。他为学生们送去的每一分钱，都是用自己的双腿一脚高一脚低那么踩出来的，是他每日不分早晚，栉风沐雨，用淌下的一滴滴汗水积攒出来的，来之不易，来之艰辛！

照常理，像他这样的古稀老人不仅无须再为别人做什么，倒是完全应该接受别人的关心和照顾。可他没有，不仅丝毫没有，而是把自己仅有的能为别人闪耀的一截残烛全部点燃，并且燃烧得如此明亮，如此辉煌！

22. 只要大家多得些方便,就是我最大的快乐

奉军区首长指示,我要去长春机要学校做报告。今天中午十二点乘25次快车从沈阳出发。火车上的人很多,我让座给一位老太太坐下,并给她老倒一杯开水。因她老人家没吃午饭,我又拿出自己没舍得吃的面包送给她吃。这位老太太很受感动,紧握着我的手说:"好心呀!好心人!"当时我也很激动,不知说啥好。

我除了照顾这位老太太,还帮助服务员扫车厢、擦车厢,给旅客们倒开水,帮炊事员卖饭……很多人都要我休息一会儿。我想:为人民服务嘛,少休息点又算得了什么呢?我还听到很多旅客同志议论说:"这位解放军同志真勤快,什么都干,累得满头大汗也不休息。"我觉得自己累一点算不了什么,只要大家多得些方便,就是我最大的快乐。

雷锋精神遍天下

唐山十三农民兄弟

唐山十三农民兄弟,又称唐山十三义士,又被网友称为唐山十三侠。成员为宋志永、杨国明、杨东、王加祥、王得良、宋志先、王宝国、王宝中、曹秀军、尹福、宋久富、杨国平、王金龙十三人。均为男,河北唐山人。年龄最大62岁、最小19岁。

2008年初,特大雪灾袭击了华南地区,湖南郴州成了一座冰雪中的孤城。没有上级号召,也没有组织要求,河北唐山十三个农民除夕那天租了辆中巴车出发,顶风冒雪来到那里参与救灾。

这十三个来自唐山市玉田县东八里铺村二组的农民,自己准备了工具,初二上午赶到郴州电力抢险指挥部,成了湖南电力安装工程公司一支编外"搬运队",每天起早贪黑、踏雪履冰为抢修工地扛器材、

搬材料、抬电杆。2月23日，在工作了十六天之后，这十三位农民兄弟离郴返乡，许多郴州市民在得知这一消息后，自发赶来为他们送行。他们还被郴州市授予"荣誉市民"的称号。

5月12日下午，在得知四川汶川发生特大地震后，宋志永和十二位兄弟商量后，几经辗转来到灾情最重的北川县城，成为最早进入北川的志愿者之一。

他们用最原始的方法——铁锤砸、钢钎撬、徒手刨，不断寻找幸存者。只要哪里需要，他们就到哪里。他们与解放军、武警战士一起，救出二十五名幸存者，刨出近六十名遇难者遗体。

23. 我是人民的勤务员

　　今天下午我在保养汽车，突然天下大雨。我正在盖车的时候，见到路上有一位妇女，抱着一个小孩，右手拉着一个五六岁的孩子，左肩上还背着两个行李包，走起路来真是很吃力。我急忙跑上前，问她从哪来？到哪去？她说："从哈尔滨来，到樟子沟去。"她还告诉我说："兄弟呀！我今天遭老罪了，带两个孩子，还背一些东西，天又下雨，现在天快黑了，还要走十多里路才能到家。现在我都累迷糊了，我哭也哭不到家呀……"我听她这么说，心里很过不去。我想，毛主席说过："我们的同志不论到什么地方，都要和群众的关系搞好，要关心群众，帮助他们解决困难。"想起毛主席的教导，浑身有了力量，我跑回部队驻地，拿着自己的雨衣给那位妇女，我又抱着她的孩子，冒着风雨送他们回家。在路上，我看那小孩冷得发抖，我立即脱下自己的衣裳给他穿上。走了一小时四十分钟，终于把他们送到了家，那妇女激动地对我说："兄弟呀，你帮了我，我一辈子也忘不了啊……"

　　我对她说："军民一家嘛，何必说这个呢……"我离开她家的时候，风雨仍然没停，他们都留我住下，我想，刮风、下雨、天黑，算得了什么？一定要赶回部队，明天照常出车。我一边走一边想着：我是人民的勤务员，自己辛苦点，多帮人民做点好事，这就是我最大的快乐和幸福。

雷锋精神遍天下

光明心生

　　她看不到世界，偏要给盲人开创一个新的天地。她从地球的另一边来，为一群不相识的孩子而来，不企盼神迹，全凭心血付出，她带来了光。她的双眼如此明亮，健全的人也能从中找到方向。她就是来自德国的萨布利亚·坦贝肯。

感动中国推选委员会委员涂光晋这样评价她：她是当代的普罗米修斯，虽然自己看不到光亮，却给远在异国他乡的西藏盲童带来了光明与希望。

她12岁时双目失明，然而，现在却被誉为西藏盲童的向导和天使。在引领着失去光明的孩子重新认识自我、找回自信的同时，她也在实现着自己的人生价值。

在波恩大学期间，她发现藏文还没有盲文，便借鉴其他文字盲文的开发经验在世界上第一个开发出藏盲文。1997年萨布利亚到西藏旅行。她骑马穿越西藏各地，发现这里的盲童少有接受教育的机会，便萌生了留在西藏为盲童创造受教育机会的想法。2000年11月萨布利亚与西藏残联合作建立的盲人康复及职业培训中心正式运作。该中心相继开设了一所盲童预备培训中心、一家盲文书籍印刷厂、一个盲人自我综合中心和一座职业培训农场等。到目前为止先后有九十六名盲童在这里接受了日常生活技能培训和藏、汉、英三种语言的盲文基础教育，以及按摩、电脑、手工编织、做奶酪、美术等职业技能培训。孩子们在培训中心的生活非常快乐，学习也很主动。一般经过两年的专门培训这些孩子都可以进入常规学校学习，一些盲童转入常规学校后，学习成绩非常优秀。

为激发孩子们的潜能，2004年萨布利亚邀请第一个登上珠穆朗玛峰的盲人埃里克·威亨梅尔和他的登山团队来西藏指导盲童们向喜马拉雅山脉一座海拔7000余米的高峰发起挑战。经过精心准备，萨布利亚夫妇和六名盲童在埃里克的带领下成功攀登至海拔6500米的高度。

自2000年与中国西藏自治区残联合作开展助盲项目以来，她为西藏盲人的教育和康复事业做出了巨大贡献，并因此获得了2006年度中国政府颁发的"友谊奖"。

24. 关心他人比关心自己为重

今天我没去看剧，在家学习毛主席著作。毛主席教导我们说："关心党和群众比关心个人为重，关心他人比关心自己为重。"毛主席的这些话，深深地教育了我，使我的心豁然地明亮了。我领到连部发给我的一斤苹果，怎么也舍不得吃，用自己心爱的手绢包了起来，放进了挂包里，心想来了客人给他们吃。今天，想起了在病院里的伤病员同志，他们在新年佳节的时候，是多么需要人去安慰啊！我是人民的子弟兵，应该去好好慰问那些伤病员同志。把自己领到的一点点吃的东西送给伤病员吃，不是更有意义吗？下午三点钟，我拿着一斤苹果，连同自己写好的一封慰问信送给了抚顺市望花区职工西部医院。

雷锋精神遍天下

朱邦月—— 一家之主

朱邦月，是福建省南平市邵武煤矿退休工人，2009年度"感动中国"人物。1986年5月，朱邦月因骨折病退。后来妻子和两个继子都得了绝症"进行性肌营养不良症"。1991年，母子三人的病情开始加重，丧失了自理能力，吃喝拉撒全靠一条腿的朱邦月照料。朱邦月的一天是在照顾三个病人的生活中度过的，这样情况已经有十八年。

他每天起床后自己先装上假肢。然后开始打扫卫生，洗米做粥，帮母子三人起床，给他们穿好衣服。端水、挤牙膏，帮助妻儿洗脸刷牙，喂他们早饭，服侍他们方便，然后还要上街买菜。

中午再次重复三个人吃饭的经历，傍晚，帮助三个人洗澡，虽然是几天洗一次，即使夏天，洗一个人也要耗费半小时以上。到晚上，抱病人到床上睡觉，夜间朱邦月还要起床给他们逐一翻身，一晚上起床数次。

　　这样的日子,朱邦月过了近二十年。但他始终坚持,因为他知道,他是一家人生命的烛光,点燃着一个家庭的希望。

25. 将革命进行到底

　　今天上午，我在旅顺海军××舰上，向海军首长和战友汇报了自己的一切工作、学习和生活在两个不同的社会里的两种不同的命运的情况，当我讲到在旧社会那种悲惨遭遇时，舰长和海军战友都掉下了眼泪，我更是悲痛万分！我是无产阶级革命战士，只有化悲痛为一切前进力量，将革命进行到底，为人类的解放而斗争。

　　下午一点钟，我乘火车离旅顺回沈阳，在列车上看到一位有病的老大爷，我把座位让给了他老人家，并问他是什么病，他半天才说了一句："痨病十多年啦！"我问他在旅行当中有什么困难。他说："我到丹东还差一元钱买车票，我还没吃午饭呢！"毛主席教导我们说："我们的同志不论到什么地方，都要和群众的关系搞好，要关心群众，帮助他们解决困难。"于是，我帮助他解决了旅途中的困难。

雷锋精神遍天下

郭明义

　　郭明义，是一位新时期的雷锋传人。1977年1月参军，并于1980年6月在部队加入中国共产党，入党三十年来，他时时处处发挥先锋模范作用，在每个工作岗位上都取得了突出的业绩。

　　郭明义参军入伍所在的老部队23军67师201团"钢铁英雄连"，当兵五年，郭明义从一个青涩小伙成长为一个好兵：种过菜、喂过猪、做过饭，干的全是脏活苦活。然而，在每一个岗位上，郭明义都干得非常出色，综合素质提高很快。入伍第二年就被评为师学雷锋标兵。

　　1981年，郭明义从部队退伍回到鞍钢，无论在什么岗位上，他都以做到"最好"履行着自己的承诺，一个个荣誉书写着他在一个个平凡岗位上创造的辉煌，所获的荣誉称号数不胜数。

1990年，齐大山铁矿号召职工义务献血，郭明义立刻报了名。郭明义说，看到对社会、对企业、对他人有意义的事情时，总会想到自己是一名共产党员。

这是郭明义第一次献血。也就是因为这次献血，他了解到他献的血能挽救他人的生命，可血库却经常血源不足。从此，他年年坚持无偿献血，有时一年两次，二十年了，从未间断。

郭明义还经常向工友们宣传无偿献血的意义和相关知识，带动更多人加入到无偿献血队伍中来。2007年2月，鞍山市中心血站血源告急，向郭明义求援。征得领导的同意后，郭明义写了一份无偿献血倡议书，一个班组一个班组地进行宣传。2008年，鞍山市第一支"无偿献血志愿者服务队"成立，郭明义被推选为队长。

1994年，收入微薄的郭明义又走上捐资助学的道路，他发起成立了以捐资助学为主要活动的"郭明义爱心联队"，迄今已资助了百余名贫困学生。

郭明义说："三十年来，我经历了很多，但我的信念一直很明确：一个共产党员，要为党、为国家、为人民的事业奉献自己的一切，这是天经地义的，不需要任何理由！""接触不同的社会群体，就会有不同的人生思考。我经常接触孤儿院的孤儿、上不起学的孩子、生活困难的职工，和他们相比，我就感觉自己非常富足，我就非常想去帮助他们。""雷锋的道路就是我的人生选择，雷锋的境界就是我的人生追求。""让爱自然地流淌，它是自然而然地流淌在这片红色的热土上的。"

26. 抢救国家财产

今天，我感到特别的高兴，一天紧张工作过后，一点儿也不觉得疲劳，我感到浑身是劲，深夜了，我还坐在车间调度室里，看一本学习毛泽东同志的思想方法和工作方法的书，真使我看得入了迷，越看越使我感到毛主席的英明和伟大。

深夜十一点钟了，走出门外，天黑得伸手不见五指，这时突然下起雨来了。陈调度员说，我们建筑焦炉工地上，还散放着七千二百袋水泥。陈调度员急得一时手足无措。……雨越下越大，这时，我猛然想到了党的教导，要我们爱护国家财产，又想到了我是一个共青团员。想到这些，一种无穷的力量鼓舞着我，急忙跑到工地，用自己的被子，并脱下了衣服，抢着盖在水泥上。后来，我又跑到宿舍，发动了二十多个小伙子，组织了一个抢救水泥的突击队，有的忙着找雨布，有的忙着找芦席，盖的盖，抬的抬，经过一场紧张的战斗，避免了国家的财产受到重大的损失。

这时，我才松了一口气。抹掉了头上的汗，带着乐观的心情，昂首阔步回到了宿舍，回忆自己为国家、为党做的一点点工作而高兴。

雷锋精神遍天下

中国志愿者

2008年，这一年对任何一个中国人都是难以忘怀的。全球关注着中国，中国在2008年经历了太多的事情，年初的大雪灾，5.12汶川特大地震，喜庆的事情就是奥运会和残奥会的成功举办，在经历这些事情的时候，有一群人默默地、无私地奉献着。他们是谁呢？他们就是中国志愿者。

他们在雪灾中冒着寒冷，与风雪抗衡，他们咬紧牙关，忍受着狂风暴雨的吞噬，使足全身解数将积雪铲除。在抗灾胜利后，化整为零，各自又去帮助那些需要帮助的人。

　　当他们遇到重大的事情，总是不谋而合地聚集在一起，共同奔赴那些重大事情的现场。他们不求回报，用自己的金钱乃至生命，无私奉献着，他们在流汗和流血中奉献着自己的青春与力量，他们总是"神龙见首不见尾"地准确，及时地出现，直到事情结束后，又默默地隐退，又去帮助那些需要帮助的人或地方，他们坚持自己的原则——为人民服务。不计较个人的得失。他们舍小家为大家，当别人在节日期间与家人团圆的时候，也许他们正在异地他乡的一线上帮助别人。他们是谁？他们就是中国志愿者，是中华人民共和国的子女，也是世界各国的朋友。

　　中国志愿者是伟大的。他们不分国界，哪里需要他们，他们就奔赴哪里。他们赢得中国甚至全世界的关注与称赞。他们无私奉献，舍己为人，他们感动了中国人，同样，他们也感动了世界各国人民。

第五部分

人生感悟

1. 如果你是一滴水……

　　……如果你是一滴水，你是否滋润了一寸土地？如果你是一线阳光，你是否照亮了一分黑暗？如果你是一颗粮食，你是否哺育了有用的生命？如果你是一颗最小的螺丝钉，你是否永远坚守在你生活的岗位上？如果你要告诉我们什么思想，你是否在日夜宣扬那最美丽的理想？你既然活着，你又是否为未来的人类的生活付出你的劳动，使世界一天天变得更美丽？我想问你，为未来带来了什么？在生活的仓库

雷锋在支援人民公社劳动

里，我们不应该只是个无穷尽的支付者。

雷锋精神遍天下

公仆本色

1988年4月，60岁的杨善洲同志光荣退休。他本可以在昆明过上优越富足的生活，可他却说："我要回到家乡施甸种树，为家乡百姓造一片绿洲。"

杨善洲的家乡在保山市施甸县大亮山脚下的姚关镇陡坡村，由于过去盲目开发，生态环境急剧恶化。杨善洲选择了大亮山，就是为了改变家乡的生态环境，造福家乡人民。

家乡的人听说他要回来种树就劝他："你到别处去种吧，这地方连野樱桃和锯木树都不长。"然而，杨善洲创办林场的设想和决心没有动摇。他请地、县林业部门的领导和科技人员到大亮山上作多次调查研究。他们带着帐篷，风餐露宿，徒步二十四天，进行了调查。经过调研，更坚定了杨善洲改变大亮山面貌、"种树扶贫"的决心。

杨善洲在大亮山种下一片片绿色，随着改革开放的深入，杨善洲感到大亮山林场要发展壮大，必须顺应市场经济的大潮，改变传统单一的经营方式，进行多种经营。于是，他从广东、福建等地引种龙眼树苗，开辟了龙眼水果基地，后来又建立了茶叶生产基地，还专门投资建了一个粗茶叶加工厂……才几年时间，大亮山就红火起来了，家业扩大，经济效益也逐步显现出来。

当地老百姓歌颂道："杨善洲，杨善洲，老牛拉车不回头，当官一场手空空，退休又钻山沟沟；二十多年绿荒山，拼了老命建林场，创造资产几个亿，分文不取乐悠悠……"

2. 读《沉浮》

　　读《沉浮》以后，这本书给了我深刻的印象，通过沈浩如和简素华的恋爱故事教育了我。我认为简素华的那种坚强不屈的意志，那种高尚的共产主义风格，那种克服困难的决心和信心，那种艰苦朴素的工作作风，对群众那样的关怀，这位女同志是值得我学习的。沈浩如同志是一个有严重资产阶级意识的人，处处只为个人打算，怕吃苦，他那些可耻的行为，我坚决反对。

雷锋精神遍天下

隐形翅膀

　　刘伟，10岁时因触电意外失去双臂，12岁学习游泳；14岁获得全国游泳亚军，15岁获得全国冠军，却因皮肤病告别了游泳；16岁学习打字；19岁自学钢琴，仅用一年即可弹奏出相当于手弹钢琴七级水平的钢琴曲《梦中的婚礼》。2008年，与刘德华共同为奥运喝彩，合作歌曲《天意》。2010年，摘得东方卫视第一季"中国达人秀"总冠军。2011年，登上维也纳金色大厅演奏中国名曲《梁祝》，并受邀前往英国伦敦与前首相夫人切丽·布莱尔会面。首部励志电视剧《我的灿烂人生》于东方卫视播出。由其自身经历为蓝本改编的电影《最长的拥抱》已经杀青。首本自传《活着已值得庆祝》同年发行。

　　他有一句著名的人生感悟"我的人生中只有两条路，要么赶紧死，要么精彩地活着！"被广为传诵，坚韧不拔、积极乐观的精神感动了全世界，中外媒体争相报道，他成为世人心中新一代的"精神偶像"。

3. 党的声音，就是人民的声音

我深深地认识到，做每一件工作，完成每一项任务，哪怕是进行每一次学习，都十分需要听党的话，听领导的话，争取领导的帮助和支持。

党和领导叫怎样去做，就不折不扣地按党的指示去做。这样，就是有再大的困难，也有办法克服；再艰巨的任务，也能完成。相反，如果脱离了领导，不听党的话，光凭个人的心愿去做事情，是很难做好的，甚至要犯错误。有些同志思想进步慢，工作成绩差，是什么原因呢？我认为原因只有一个，就是自以为正确，不听党的话，不听群众的话，明明自己的看法不对，也不改正；明明领导和同志们的意见是正确的，也不诚恳地接受。这样，就会落后。

党的声音，就是人民的声音。

听党的话，就会开放出事业的花朵！

雷锋精神遍天下

中华之光

1924年，朱光亚出生于湖北武汉，后来考入西南联合大学。1945年，美国在日本的广岛、长崎两地投掷两枚原子弹，加速了日本侵略者的投降，同时也唤起了中国人制造原子弹的梦想。抗战胜利后，朱光亚考入密执安大学，从事核物理学的学习和研究，取得优异的成绩。1950年春，他从美国回到祖国北京，投入到新生共和国创业的热潮之中。

四十多年来，朱光亚始终处于我国核武器发展科技决策的高层。在核武器技术发展的每一个重要关键时刻，都凝聚了他的智慧和决心。无论是发展方向的抉择和决策，还是核武器研制和核试验关键技术问题的决策，他都起到了主导作用，为中国特色核武器事业的持续快速发展作出了卓越贡献。1999年9月18日，在人民大会堂由中共中央、国务院、中央军委隆重召开的表彰大会上，朱光亚与其他二十二位功勋卓著的科学家被授予"两弹一星"功勋奖章。这是我国科技界的至高荣誉。

4. 把自己的全部力量献给党的建设事业

一、加强修养，努力学习团纲、团章和有关团员修养的书籍，处处听党的话；坚决地、无条件地做党的驯服工具。

二、把自己的全部力量献给党的建设事业，在生产中，一定完成任务，一红到底，有一分热发一分光。

三、虚心向群众学习，并以团员的模范作用，带动群众前进。

四、掌握批评与自我批评的武器，经常向支部汇报自己的思想情况，在支部的直接领导、监督下，努力改造自己的思想。

雷锋精神遍天下

三栖尖兵

何祥美，是一名新时代的优秀士兵，先后被授予"全军爱军精武标兵"，2011年被评为"2010年度感动中国十大人物"。2011年9月20日，在第三届全国道德模范评选中荣获全国敬业奉献模范称号。

何祥美1999年12月入伍，后来幸运入选南京军区狙击手集训班。经过魔鬼式的训练，他练出了一身"枪王"的真功夫，精通狙击步枪、匕首枪、微型冲锋枪等八种轻武器。他还拥有跳伞、飞行、潜水等专业技能，具备特种爆破、深海潜水、悬崖攀登、伞机降等三十多种作战本领，练就了空中能飞、地上能打、水下能潜的综合作战技能，成为名副其实的"三栖"士兵。

2001年冬天，何祥美面临军旅生涯的一次抉择。两年的服役期已满，多病的母亲打来电话，催促他退伍回家。部队从队伍建设的大局出发，挽留何祥美。何祥美爱自己的母亲，但他更懂得没有国就没有家的道理。何祥美说服母亲，留了下来。

有绝技在身，有人瞄上了何祥美。一次，一名民营企业家找到何祥美，允诺每月8000元薪金，再给一套三室两厅的住房，让何祥美负责他的安全。何祥美毫不犹豫地谢绝了邀请。在何祥美看来，当一名好兵，守卫好祖国这个大"家"，更有意义，更光荣。

5. 青春啊！永远是美好的

青春啊！永远是美好的，可是真正的青春，只属于这些永远力争上游的人，永远忘我劳动的人，永远谦虚的人。

雷锋精神遍天下

英雄翁婿

2010年3月21日下午，江西省宜春市的一栋普通民房内，五个小孩在屋内嬉戏时，引燃了汽油罐。烈火迅速蔓延，迅猛的大火和浓烟让孩子们找不到出口，开始大声哭叫。人们闻声赶来，但烈火熊熊，浓烟弥漫，均不敢进入。这时，王茂华与岳父谭良才听到呼救声，赶紧跑到屋外，看到大火和浓烟滚滚而出，屋内传出咳嗽声和哭喊声，二话不说，闯入火海……

两人三进三出，可是就在抱着第五个孩子往外冲时，液化气罐猛然爆炸，"砰"的一声巨响，一团火焰将王茂华和谭良才包围，随后一阵巨大的气流将两人冲到屋外，两人却全身是火，伤势严重。

虽然进行抢救，可是王茂华因伤势严重，不幸逝世，英年27岁。王茂华同志火海救人的英雄壮举，感动了神州大地。社会各界群众对王茂华同志的英勇义举给予了高度评价，并纷纷伸出援助之手，慷慨地捐款捐物。江西省民政厅批准王茂华同志为革命烈士；江西省团委授予王茂华同志"江西青年五四奖章"；宜春市委、市政府授予王茂华同志"见义勇为英雄模范"和"优秀人民教师"荣誉称号；宜春市团委、市青年联合会联合授予王茂华同志"宜春青年五四奖章"。

6. 向劳动模范张秀云学习

向市劳动模范张秀云学习。首先学习她高度的主人翁责任感，对党对社会主义建设事业的赤胆忠心；学习张秀云同志积极主动、帮助别人、大公无私、舍己为人的共产主义思想和团结群众的优良作风；学习她坚持向群众学习、不断充实自己、谦逊好学的精神。

我们在建设焦化厂当中，住不好、吃不好和工作环境不好等，这些困难都是暂时的、局部的、可以克服的。只要我们有叫高山低头、河水让路的气概，是没有战胜不了的困难的。

雷锋精神遍天下

民间防艾第一人

高耀洁是河南省中医学院教授、妇科肿瘤病专家、河南省七届人大代表，本来能享受轻松的晚年生活的她，却走上了宣传防治艾滋病的艰辛路途。

1996年，高耀洁发现因输血感染艾滋病的病例，开始意识到血液传播艾滋病的严重性，从这一年开始，她自费进行艾滋病防治和救助工作，并从2000年开始将主要精力放在对艾滋遗孤的救助方面。之后她走访了河南省一百多个村庄，见过一千多个艾滋病患者；她自费出版《艾滋病性病的防治》一书，免费发放三十万册，仅此一项支出就达四十多万元。由她主办编写的《预防艾滋病的知识》也已经出版十五期，印数达五十三万份。

2001年，"全球卫生理事会"授予她当年"乔纳森·曼卫生及人权奖"，她将2万美元奖金和1万美元赠款，全用来加印《艾滋病性病的防治》一书。联合国秘书长安南称赞她是一位在中国农村从事预防艾滋病宣传教育的女性活动家。2002年她被美国《时代》杂志评为"亚洲英雄",被《商业周刊》授予"亚洲之星"称号;2003年上半年,又获得"亚洲的诺贝尔奖"——亚洲拉蒙-麦格塞公共服务奖;2004年当选中央电视台"感动中国"2003年年度人物;2007年3月,赴美接受了世界妇女权利组织"生命之音(Vital Voices Global Partnership)"的年度"全球女性领袖"奖。

7. 为党的利益，为集体的利益不惜牺牲自己的利益

早上六七点钟，我和朱主席以及其他几位代表们坐火车到了弓矿开先进生产者、红旗手以及工段以上的干部大会。

当我一走进会场，真把我吸引住了：会场布置得是那么地庄严、美丽。上午九点钟，会议正式开始。首先党委高书记宣布了大会主席团名单，其中有我一个，当我走上主席台时，我那颗火热的心是多么地激动啊！像我这样一个放猪流浪出身的穷孩子，今天能参加这样的大会，同时还把我选为主席团的成员。我是党的，光荣应该归功于党，归功于热情帮助我进步的同志们。

一个革命者，当他一进入革命行列的时候，就首先要确立坚定不移的革命人生观。……树立这样的人生观，就必须培养自己的思想道德品质，处处为党的利益，为人民的利益着想，具有大公无私、舍己为人的风格。……要能够为党的利益，为集体的利益不惜牺牲自己的利益。否则就是个人主义者，是资产阶级的人生观。

雷锋精神遍天下

百姓书记

2002年，长篇报告文学《根本利益》在社会上引起了轰动，主人公梁雨润为民伸冤、为民办实事的事迹感动了广大读者。

山西省夏县，一向以"上访多、告状多、恶性案件多、集体闹事多"四多而远近闻名。梁雨润在夏县任纪委书记的三年间，以查处"大檐帽"，不怕丢"乌纱帽"的决心，对执法过程中违法行为坚决查处，处理过大小案件不下二百起，解决了许多群众上访和举报中久拖未决

的疑难案件。他被当地民众誉为"百姓书记"、"梁青天"。

1998年梁雨润刚上任,就变群众上访为干部下访。到任第六天,他就对照一封上访信的地址,上门了解情况,随即成立调查组,七天时间便案情大白。之后,梁雨润专门组织了"抽百人查百案"活动。一时间,这个县拖了十几年甚至几十年的积案,全部被"翻腾"出来,一一得到了解决。当地群众和纪检干部总结出他解决群众问题的"五部曲":"流泪听状子,承诺定日子,调查进村子,说服耐性子,处理快步子。"

2001年3月5日梁雨润调离夏县,上千群众自发地为他送行,现场感人至深。2003年"感动中国"栏目这样评价他:他视百姓为衣食父母,他以人民利益为根本利益,他矢志不渝地追求着为老百姓办事的政治理想。而这种追求需要莫大的正气和勇气。这样的为官生涯,完整地体现出一个执政党的执政原则。

8. 做革命的螺丝钉

今天，我看了一篇文章，那上面讲了许多向困难做斗争的道理。文章说：

"斗争最艰苦的时候，也就是胜利即将来到的时候，可也是最容易动摇的时候。因此，对每个人来说，这是个考验的关口。经得起考验，顺利地通过这一关，那就成了光荣的革命战士；经不起考验，通不过这一关，那就要成为可耻的逃兵。是光荣的战士，还是可耻的逃兵，那就要看你在困难面前有没有坚定不移的信念了。"文章还说："困难里包含着胜利，失败里孕育着成功，革命战士之所以伟大，就是他们能透过困难看到胜利，透过失败看到成功，因此他们即使遇到天大的困难，也不会畏怯逃避；碰到严重的失败，也不至气馁灰心，而永远是干劲十足，勇往直前，终于成为时代的闯将。"

"虽然是细小的螺丝钉，是个微细的小齿轮，然而如果缺了它，那整个的机器就无法运转了，慢说是缺了它，即便是一枚小螺丝钉没拧紧，一个小齿轮略有破损，也要使机器的运转发生故障的。"

"尽管如此，但是再好的螺丝钉，再精密的齿轮，它若离开了机器这个整体，也不免要当作废料扔到废铁料仓库里去的。"

雷锋精神遍天下

螺丝钉精神

李素丽是北京公交窗口行业的优秀代表，在公交平凡的工作中，始终把全心全意为人民服务作为自己的人生追求，以强烈的首都意识、服务意识和公交窗口意识，赢得了广大乘客的尊重和爱戴。

李素丽除了她对本职工作的无比热爱、把一腔热情全部倾注到工作岗位上，还与她注意社交技巧、讲求口语艺术，用艺术化的语言开展工作密不可分。李素丽最大的特点就是注重与乘客的情感交流，她靠真挚的感情来换取乘客的真情，用自己火热的心来温暖乘客的心。

李素丽非常注意在车上营造一个文明礼貌、互相尊敬友善的"公众场"，以唤起众乘客对爱心和善心的共鸣、对文明礼貌的呼应。促动大家的爱心、善心、文明行为、礼貌行为，就是李素丽的"场"所具有的春风化雨般的"李素丽效应"。

李素丽虚心向其他车次的劳动模范学习，使自己的工作精益求精、更上一层楼，还追求服务形式的新颖、独特，努力创造自己的服务特色。

同时，她把自己的声音优势充分利用起来，尽情发挥着声音的魅力，努力追求声音表达的优美动听。如何吐字用气，怎样把握声调和语气，怎样控制时间，是她在车下反复练习的项目。面对乘客，如何绽露动人的笑容，是她在镜中无数次揣摩演练的"节目"。家庭成员成为她忠实的听众和严格的教练，墙上的镜子成为她诚恳的观众和挑剔的裁判。正是有了车下的刻苦练习，才有了车上热情、大方的表情和举止，柔美、悦耳的嗓音和语言。

除此之外，她还认真学习英语、哑语，并努力钻研心理学、语言学，利用业余时间走访、熟悉不同地理环境，潜心研究各种乘客心理和要求，有针对性地为不同乘客提供满意周到的服务。她的事迹，被广泛传诵，为人们所熟知。

9. 站得高些,更高些;看得远些,更远些!

今天我们处在一个翻天覆地千变万化的时代,一个英雄辈出百花盛开的时代,一个六亿人民精神振奋,斗志昂扬,意气风发的时代。在这样的时代里,我们应当鼓足更大的革命干劲,激发更大的革命热情,站得高些,更高些;看得远些,更远些!

雷锋精神遍天下

成龙

著名影星成龙,除了他在演艺事业上为我们熟知外,他还致力于公益事业。早在1993年,为了能使更多的在中国的腭裂患者接受手术治疗,成龙为"微笑行动"捐款200万元港币和麻醉机一台,成龙被任命为微笑行动中国基金会的大使。

2000年,成龙奖学金设立,这是与全美泛亚商会联合设立起来的项目,意在向亚裔美国高中毕业生提供财务援助。成龙奖学金每年会为两名学生提供经济援助。每位奖学金获得者将得到$10,000的资助。

香港演艺学院是成龙慈善基金年度奖学金项目最主要的受惠者之一,作为香港最重要的演艺学院机构,旨在为香港培养当地有才华的青年艺人。除了奖学金以外,成龙慈善基金还为其他各种范围的社会项目提供资金援助,以资助那些需要帮助的人。2008年5月12日,为汶川地震捐款1000万人民币(合资人英皇老板杨受成),并立刻录制抗震救灾歌曲《生死不离》。除此之外,成龙参加的义演、捐赠活动非常之多,帮助了许多困难的人。

不仅成龙本人,他的很多朋友也都为成龙慈善基金作出了重大的贡献。这其中就包括"尖峰时刻"系列的导演Brett Ratner,在2004年为基金捐款美金一万元。也因为Ratner先生的慷慨捐助，香港演艺学院特别为导演设立了以他名字命名的基金项目。国际巨星汤姆·克鲁斯自己说："我是成龙的超级影迷！"作为成龙的好朋友，汤姆·克鲁斯为成龙香港慈善基金捐款美金两万元。这笔捐款将会资助香港演艺学会的十位奖学金获得者。

　　2009年，国家禁毒委员会办公室举行了聘任国际影星成龙为中国禁毒宣传形象大使仪式，聘请成龙为中国禁毒宣传形象大使。

10. 做一个真正的共产主义革命战士

今天，我生长在幸福的毛泽东时代，处处感到温暖，祖国到处都有我慈祥的母亲——伟大的中国共产党对我无微不至的关怀和教育。我这一点点贡献比起党对我的要求和期望还做得很不够。我决心听党的话，好好学习，忘我地工作，积极参加劳动，奋发图强，勤俭建设社会主义。

熟练手中武器，学好军事技术，时刻准备着，当党需要我，我一定挺身而出，不怕牺牲和一切困难，永远忠于党，忠于人民。继承长辈优良的革命传统，为保卫社会主义建设，为保卫世界和平，我要把自己可爱的青春献给祖国最壮丽的事业，做一个真正的共产主义革命战士……

雷锋精神遍天下

中国巨人

小巨人姚明，除了是享誉世界的篮球巨星外，还热衷于人类的公益事业。

姚明是特奥全球形象大使，他十分关注残障、智障人士的权益保护。2007年10月，专为智障人士举行的世界特殊奥林匹克运动会在姚明的家乡上海举行。当年，姚明寄语特奥运动员："为了即将到来的比赛，你们已经准备了很长时间。这是你们的时刻，这是你们的比赛，这是你们的舞台。"在这届特奥会上，姚明被授予"特奥会特别精神奖"。

2008年5月12日四川汶川特大地震发生后，姚明在第一时间决定向灾区捐款200万元人民币。此后，姚明的身影屡屡与地震灾区联系在一起。当年8月8日，北京奥运会开幕式上，作为中国代表团旗手的姚明，拉着四川省汶川县映秀镇渔子溪小学二年级学生、小英雄林浩的手，走在队伍最前列，引起全场欢呼，全球亿万观众深受感动。温情一幕，尽显"人文奥运"精神内涵。2008年中秋节，姚明又来到四川省广元市建设村。这里原来有一所小学，在地震中变成了危房。"姚基金"捐赠的希望小学，就选址在这里。姚明还提议，用在抗震救灾中誓死保护学生的代课老师杨雪燕的名字命名这所希望小学。姚明的到来让孩子们兴奋不已，也让乡民们沸腾。在为孩子们送上了字典和字帖之后，姚明还和他们玩起"老鹰捉小鸡"的游戏。

2007年8月，姚明和上海女篮姑娘叶莉喜结连理。按照上海习俗，他隆重地摆了婚宴酒席，但是明确拒绝鱼翅入宴。在一个把吃鱼翅作为"高档"享受的国度，姚明保护野生动物的公益态度带来一股清新之风。事实上，早在2006年8月，作为野生动物保护行动的亲善大使，姚明已经在新闻发布会上郑重宣布今后拒绝食用鱼翅。姚明不仅要求自己不吃鱼翅，还运用自己的号召力来影响身边的人和全社会。2009年12月，入主上海男篮成为"姚老板"的姚明携全体上海男篮队员，郑重发出拒吃鱼翅宣言。在此场合，姚明依然不失机灵幽默风格，他说："上海男篮的吉祥物恰好是鲨鱼，这也是一种缘分。鲨鱼是人类的朋友，而不是人类的食物。"2011年9月22日，姚明和维珍公司创始人、英国亿万富翁理查德·布兰森爵士出席由国际环保组织野生救援协会在上海举办的"共同倡导保护濒危物种鲨鱼"公益活动。姚明并呼吁作为鱼翅主要消费群体的华人，在保护鲨鱼方面作出表率。

2008年9月4日下午，"大超－中华骨髓库校园爱心之旅启动仪式"在人民大学举行。作为中华骨髓库志愿者，姚明及其国家队队友参与了中华骨髓库相关公益推广活动，同时宣传捐献造血干细胞的科学道理和社会意义，并呼吁社会为中华骨髓库以及白血病患者的治疗工作募捐。

2010年，以"城市，让生活更美好"为主题的世博会在上海举行，姚明义不容辞地担当起了上海世博会形象大使。当年2月，姚明在出席"明星带你看世博"迎春低碳公益晚会时说，"世博会将对我们和我们的后代，产生很大的影响，大家都应该来关心世博会"，"其实每一个参观者都能成为明星，成为展示中国文明形象的明星"。当年7月25日暑假期间，姚明和濮存昕等明星带领一百多位来自四川、青海等地灾区的贫困少年儿童参观了世博会部分场馆。虽然与孩子们身高悬殊，姚明仍时不时俯下身子和孩子们拍照留念。

由上海城市形象代言人姚明担任主角、公益出演的上海城市形象片"无数个姚明，好一个上海"，向海内外的近二百家新闻媒体首映。纪录这一城市形象片诞生全过程的纪录片也同时推出。来上海参加比赛的姚明，也是首次满怀期待地观看了这部六十秒的城市形象片。此前，姚明曾出任上海城市形象代言人，参与了上海世博会、上海特奥会的对外推广工作。他说："上海是我的家乡，也是一座国际化的大都市，是我们国家展现国家形象、促进对外交流的窗口；今后我还将继续努力，把我家乡的发展变化介绍给世界上更多的人。"

11. 革命大家庭的温暖和幸福

今天早上,我和于助理员到达了安东××部队,首长们对我亲切的关怀和照顾,我真感到革命大家庭的温暖和幸福。

上午九点四十分,首长要我给干部训练队作一次汇报。当我讲到旧社会的苦,痛苦的眼泪直掉。在座的首长和到会的同志们都十分同情我,有半数以上的人掉下了眼泪。会后他们进行了讨论,人人表示决心,一定要紧握手中武器,将革命进行到底,彻底粉碎帝国主义,解放全世界的劳苦人民。

晚上七点钟,放了一场电影,影片中的主角聂耳给我的印象最深。他是一个坚强的无产阶级的革命战士,是党的好儿女。他那种勇敢、坚强、机智、虚心、敢于斗争的精神,是值得我永远学习的。

雷锋精神遍天下

勇斗歹徒光荣牺牲的英雄

2002年2月1日十一时十八分,乌鲁木齐市天山区公安分局西门派出所教导员赵新民、民警欧军和分局110指挥室主任崔忠全接到市公安局110报警指挥中心指令,前去乌鲁木齐市中山路现场出警。

他们火速赶到现场,只见一名30岁左右的汉族男子身绑炸药,在乌鲁木齐市中山路东端住宅区声称自己身患艾滋病,不想活了,并以此为借口敲诈居民。赵新民迅速出击,与该男子周旋,劝其放弃爆炸念头,向空旷的地方走去。

犯罪嫌疑人执迷不悟,转而企图进入人流密集的天山百货大楼制造爆炸事件。为保护人民群众的生命财产安全,赵新民置个人生死于不顾,果断地将犯罪嫌疑人挡在百货大楼门外,并尽可能地保护其他战友的安全。

此时,犯罪嫌疑人突然引爆炸药包,浓烟尚未散去,干警们迅速把赵新民送到了医院。医院竭尽全力抢救,终因伤势太重,赵新民于当天十四点五十五分停止了心跳。

赵新民牺牲后,公安部授予他"全国公安战线一级英雄模范"荣誉称号,自治区政府追认他为革命烈士,乌鲁木齐市委、市政府追认他为优秀共产党员,追授他为"边城卫士"。

12. 确定坚定不移的革命人生观

一个革命者，当他一进入革命的行列的时候，首先要确定坚定不移的革命人生观。树立这样的人生观，就必须注意培养自己的思想道德品质，处处为党的利益、为人民的利益着想，具有大公无私、舍己为人的风格，能够为党的利益、为集体的利益不惜牺牲自己的利益，否则就是个人主义者……

雷锋精神遍天下

空中停车奇迹迫降

万米高空之上，数险并发之际，他从容镇静，瞬间的选择注定了这次飞行像彩虹一样辉煌。生死八分钟，惊天一落，他创造了奇迹！为你骄傲！中国军人，钢铁是这样炼成的。他，就是梁万俊。

梁万俊是某试飞大队副大队长，空军特级试飞员。至2010年他安全飞行2300多小时，先后担任某重点型号飞机火控系统定型试飞，某系统飞机鉴定试飞等数十项重大科研任务，多次处置空中重大特情。中国四代机歼20的首飞试飞员。

2004年7月1日，成都万里无云，是个试飞的好日子。梁万俊登上国产某新机01号（枭龙）执行试飞任务。起飞一切顺利，当他按规程做完动作后，突然发现飞机推力下降，油量指示有异。两分钟后，油表指针停在了0刻度。发动机空中停车！此时，飞机高度4700米，距本场二十多公里。

"空滑迫降？"在这种情况下，对人的生命有极大的威胁。"跳伞？"遇到重大特情，飞行员可以选择跳伞，但科研新机关系着空军战斗力的提升，关系着无数科研人员的心血，可能影响到一代战机的研制。梁万俊选择了空滑迫降。

在指挥员的引导下,梁万俊向机场方向飞去。梁万俊操纵飞机对正跑道,飞机以每小时361公里的速度风驰电掣般扑向跑道。塔台里一片寂静。

飞机以超出常规100公里的速度接地!刹车!放伞!轰鸣声中,飞机拖着两道长长的轮痕,在距跑道尽头300米处停住了!这惊天一落,堪称世界航空史上的奇迹!

13. 忠于党的事业

可以说在我的周身的每一个细胞里，都渗透了党的血液。

为了忠于党的事业……今后，我一定要更好地听从党的教导，党叫我干什么，我就干什么，决不讲价钱。……

要记住："在工作上，要向积极性最高的同志看齐；在生活上，要向水平最低的同志看齐。"

雷锋精神遍天下

医疗战线上的一朵花

杨晓艳是原河南省郸城县人民医院院长，2010年4月份按上级的规定已退出了二线，虽然她已不在院长这个岗位上，可她时刻没有忘记自己是党培养大的一名战士而在默默地为党工作。

杨晓艳在郸城县人民医院担任院长近四个年头了，在这四年里她带领全院员工同心协力，把郸城县人民医院搞得有声有色，多次得到各级卫生部门及县政府的嘉奖，是全县人民心目中最好的一任院长。

杨晓艳担任院长期间不但对工作兢兢业业，而且对同事对病人都是和蔼可亲乐于助人。高海中就是得到杨院长关心和帮助的一人，高海中在郸城县人民医院算是一名老病号了，在杨晓艳担任院长期间他已经是个"尿毒症"患者，家庭无依无靠，而且他是个在部队"因此病退伍"的复员战士。杨晓艳得知这一情况后对高海中格外重视和照顾；高海中的治疗费用虽然由民政部门负责，但有时在治疗上民政部门的钱没到位时，她就打破规定灵活运用，使高海中得到正常的透析和治疗，在生活上给了他很多关怀和帮助，在精神上给了他活着的勇气。

高海中的病情恶化后，被转到郑州大学第一附属医院，杨晓艳得知这一消息后，二话没说就专程去郑州看他。在病房前高海中感动得泪流满面，在场的人也都感动得流出了泪水。她的爱不光感动了高海中，也在感动着当今这个社会。她不愧是我们党的好战士！人民的好公仆！医疗战线上永不落的一朵花！

14. 青春：闪烁着共产主义火花的青春

单丝不成线，独木不成林。一个人是办不了大事的，群众的事一定要发动群众、依靠群众自己来办。……我一定虚心向群众学习，永远做群众的小学生。只有这样，才能做好工作，才能不断进步。

我深切地感到：当你和群众交上了知心朋友，受到群众的拥护，这样会给你带来无穷的力量，再大的困难也能克服，无论在什么艰苦的环境中，都会使你感到温暖和幸福。

1960年11月8日，是我永远不能忘记的日子。今天，我光荣地加入了伟大的中国共产党，实现了自己最崇高的理想。

青春：闪烁着共产主义火花的青春，在火花里不怕燃烧，在水里不会下沉。

雷锋精神遍天下

照亮苗乡的月亮

李春燕，是贵州省从江县雍里乡大塘村卫生室卫生员，大塘村是一个苗族村寨，只有她一个乡村卫生员，有二千五百多名苗族村民。生活极其贫穷。人们向来缺医少药。过去，村里没有医生。得病了，除了苦熬，就是请鬼师驱鬼辟邪，或是用"土办法"自己治疗。死了，谁也不知道是啥原因。

李春燕自从担任乡村卫生员以来，在没有工资、医疗条件极差的情况下，在平凡的乡村，十年如一日，用实际行动践行了共产党员全心全意为人民服务的宗旨。至今，她为病人所垫付和免收的药费数以万计，经她双手接生的婴儿连她自己都数不清楚。她积极为村里各项建设服务，先后争取资金70万元，实施了大塘村自来水工程；拿出10万元社会捐助资金帮助附近的龙江村和滚玉村新建村卫生室；为大塘小学贫困学生争取10万元物资；协同村"两委"争取新农村建设资金7万元，修建大塘村"两委"办公楼等。2006年，中国红十字会捐资10万元修建了"大塘村博爱卫生站"；以李春燕名字命名的"春燕基金"让万名乡村医生得到了培训；上海宏康医院聘请李春燕为名誉职工，并向她所在的苗寨派出医疗队，为群众送医送药。

2005年，李春燕被评为感动中国十大人物，2006年被评为全国优秀乡村医生、中国十大杰出青年，2008年被评为全国卫生系统先进工作者，2009年被评为新中国成立以来感动中国人物，2010年被评为全国劳动模范，2011年被评为贵州省优秀党员。

15. "哪儿有困难就到哪儿去"

在我们前进的道路上,不可能不遇到一些暂时的困难,这些困难的实质,"纸老虎"而已。

问题是我们见虎而逃呢,还是"遇虎而打"?

"哪儿有困难就到哪儿去,"——不但"遇虎而打",而且进一步"找虎而打",这是崇高的共产主义风格。

雷锋精神遍天下

带着妹妹上大学

洪战辉,是河南省西华县人,1994年,洪战辉的父亲突发间歇性精神病,造成妻子受伤骨折,女儿意外死亡,家里欠下巨债。随后,父亲又捡来了一个和女儿年龄相仿的女婴。面对沉重的家庭负担,母亲离家出走了。年仅13岁的洪战辉,默默地挑起了伺候患病父亲、照顾年幼弟弟、抚养捡来妹妹的家庭重担。这副重担,对于成年人来说尚且不易,何况一个十多岁的孩子!但洪战辉没有退缩,一挑就是十二年。为了挣钱养家,他像大人一样,做小生意,打零工,拾荒,种地。他利用课余时间卖笔、书、磁带、鞋袜,在学校附近的餐馆做杂工,周末赶回家浇灌八亩麦地。在兼顾学业和谋生之时,他牺牲了几乎所有的休息时间。为了带好捡来的妹妹,洪战辉费尽心血。每天晚上,他都让妹妹睡在内侧,以防父亲突然发病伤及妹妹。妹妹经常尿湿床单、被子,他就睡在尿湿的地方,用体温把湿处焐干。从高中到大学,他将妹妹一直带在身边,每天都保证妹妹有一瓶牛奶和一个鸡蛋,自己却常常啃方便面。在怀化念大学的日子里,他安排妹妹上了小学,每天不管学习多忙,都坚持接送妹妹,辅导妹妹功课。为了治好父亲的病，洪战辉吃尽苦头。

2002年10月，父亲突然发病，因为没有钱，他不得不在一家精神病医院门前跪求治疗，在他孝心的感染下，2005年底河南第二荣康医院主动将他父亲接去诊治。现在，父亲的病情已明显好转，出走的母亲、打工的弟弟也相继回家，一家人终于重新团聚。

2006年以来，已成为公众人物的洪战辉，又将爱洒向了社会。为资助贫困学生，他在学校和政府的帮助下建立了教育助学责任基金。为推动青少年思想教育，他应邀在全国各地作了一百五十多场励志报告，并欣然出任"中国宋庆龄基金会青少年生命教育爱心大使"。他还多次到湖南、河南等地贫困山区与困难学生交流，捐赠学习用品。他说："我要力所能及地帮助需要帮助的人。"在不到两年时间里，关于他的书籍出版了六本，其中《中国男孩洪战辉》发行二百五十多万册。

16. 郅顺义老英雄是我永远学习的榜样

今天我到达海城××部队后,上午作了一场报告,下午我和郅顺义老英雄见了面……我听到老英雄讲完董存瑞的英雄事迹后,我的心像大海的浪涛一样,久久不能平静,我感动得满眼热泪直掉。

董存瑞英雄对敌人万分的愤恨,对党和人民无限的忠诚,在战争当中,英勇顽强,丝毫不畏缩,为人民的解放牺牲自己。董存瑞英雄是我永远学习的好榜样,我一定要为党和阶级的崇高事业,随时准备牺牲自己的一切,直至生命。

郅顺义老英雄是我永远学习的榜样,他在战斗当中,勇敢坚定,机动灵活。他俘虏敌人一百四十多人,缴获机枪四十多挺。他勇敢地消灭了敌人,保存了自己。

董存瑞和郅顺义两英雄的事迹,深深地教育了我,给了我莫大的鼓舞和无穷的力量,我一定要时刻用这些英雄的事迹来鞭策自己,永远忠于党,忠于人民。

雷锋精神遍天下

三十七年坚守诺言

1969年8月15号,位于中苏边境的黑龙江省逊克县逊别拉河突发洪水,堆放在河边的国防物资电线杆被冲到洪水中,当时正在这里插队的上海知青金训华和陈健一起跳进洪水中,奋力抢救国家财产,在这次抢救国家财产的过程中,年仅20岁的金训华壮烈牺牲,比他小一岁的陈健活了下来。

陈健后来回忆说,他之所以能够活下来,是因为金训华在洪水中托了他一把。因为感恩、内疚,也因为那份知青战友情,从那时起,陈健就在自己心里暗暗许下一个诺言，他要在那片黑土地上为金训华守墓一辈子。在这之后，陈健每年都来到金训华的坟前，为他扫扫墓，说说心里话。

一晃三十六年过去了，当年的上海知青纷纷返城，只有陈健仍然守候在金训华墓旁。三十六年来，陈健当过农民、建筑工人、门卫和林业检查员，直至退休生活一直都很清贫，所幸的是，他的妻子晁亚珍一直理解并陪伴着他，和他一起守候着那位长眠于地下的烈士。

然而不幸的是，就在陈健准备安享晚年的时候，不幸再次光顾了他，2005年初，他的妻子在医院检查时被诊断出患有尿毒症，无论透析还是换肾，都需要一笔巨额的医疗费用，这对领着微薄退休金的陈健和已经下岗的妻子来说，无疑是一个天文数字。对于陈健来说，这么多年来，正是妻子默默无闻的理解、帮助和支持，才让他一直顺利地坚守着自己的诺言。陈健说，他无论如何一定要将妻子的病治好。因为他和妻子还要一起继续为金训华守墓，而且他们之间还有一个共同的心愿没有完成，那就是把战友金训华已经风化的水泥墓碑换成大理石墓碑。

幸运的是，电视台报道了陈健的感人事迹，在社会上引起强烈反响，许多观众都被陈健的执著和真情深深地打动，纷纷捐出善款，帮助陈健实现心愿。

17. 脑子里只有人民、没有自己

凡是脑子里只有人民、没有自己的人，就一定能得到崇高的荣誉和威信。反之，如果脑子里只有个人、没有人民的人，他们迟早会被人民唾弃。

雷锋精神遍天下

坚强的女战士

1995年，英语教师王选很偶然地了解到：第一届有关731部队的国际研讨会在哈尔滨召开，两个日本人在会上报告了他们去浙江义乌崇山村调查731细菌战引起鼠疫流行的情况。而义乌崇山村，正是王选父亲的家乡，也是她曾经下乡插队的地方。这让王选想起小时候，听父亲讲述13岁的小叔叔被鼠疫夺去生命临死前的悲惨情景。父亲痛苦而恐怖的神情，让她难忘。

王选觉得自己应该参与这件事，为家乡的父老做些什么。为此，她放弃了留学美国计划，辞去了英语教师工作，执著地走上了对日诉讼索赔之路。同年，王选带着两名日本学者一年数趟前往义乌崇山村调查取证。就这样从一个村开始，挨家挨户调查当年日本细菌战受害的农民，进而发展到整个义乌，然后是宁波，再就是江西、湖南……从1995年到1999年，王选多次辗转在这几个地方，即使发起了诉讼，依然坚持调查下去。

1997年她被推举为中国细菌战受害者诉讼原告团团长。美国历史学家谢尔顿·H.哈里斯曾评价说："只要有两个王选这样的中国女人，就可以让日本沉没。"

她用柔弱的肩头担负起历史的使命，她用正义的利剑戳穿弥天的谎言，她用坚毅和执著还原历史的真相。她奔走在一条看不见尽头的诉讼之路上，和她相伴的是一群满身历史创伤的老人。她不仅仅是在为日本细菌战中的中国受害者讨回公道，更是为整个人类赖以生存的大规则寻求支撑的力量，告诉世界该如何面对伤害，面对耻辱，面对谎言，面对罪恶，为人类如何继承和延续历史提供了注解。

18. 世界上最光荣的事

世界上最光荣的事——劳动。

世界上最体面的人——劳动者。

当你在最困难、最危险，甚至威胁自己生命之时，也能严格地遵守纪律，那就是好党员。我要做一个名副其实的好党员。

挤时间读书：早起点，晚睡点，饭前饭后挤一点，行军走路想着点，外出开会抓紧点，星期假日多学点。

如果不积累许多个半步，就不能走完千里。

雷锋精神遍天下

大师风范

季羡林先生是国际著名东方学大师、语言学家、文学家、国学家、佛学家、史学家、教育家和社会活动家。历任中国科学院哲学社会科学部委员、北京大学副校长、中国社科院南亚研究所所长，是北京大学惟一的终身教授。通英文、德文、梵文、巴利文，能阅俄文、法文，尤其精于吐火罗文，是世界上仅有的精于此语言的几位学者之一。生前曾撰文三辞桂冠：国学大师、学界泰斗、国宝。

季羡林先生为人所敬仰，不仅因为他的学识，还因为他的品格。即使在最困难的时候，也没有丢掉自己的良知。他在"文革"期间偷偷地翻译印度史诗《罗摩衍那》，又完成了《牛棚杂忆》一书，凝结了很多人性的思考。他的书，不仅是个人一生的写照，也是近百年来中国知识分子历程的反映。

19. 对党和人民要万分忠诚

今天，连长发给我一支新枪，我真像得到了宝贝一样，乐得连话都说不出来。看看那锋利而发亮的刺刀，摸摸那光滑的机柄，数着崭新的子弹，简直高兴得不知如何是好，生怕把枪弄脏了。看到枪机上落了一点点灰尘，我立即从衣兜里，掏出自己心爱的手绢，把灰尘擦得一干二净。

人民给我这支枪，我一定要好好保管和爱护，向党和人民保证，决心勤学苦练，定要练出真正的硬本领，坚决保卫我们的社会主义建设，保卫我们伟大的祖国，随时准备给侵略者以致命的打击。

这支枪是我的，是革命给我的！

要想从我这里夺去，我宁愿战斗而死！

对党和人民要万分忠诚，对敌人越诡诈越好。

雷锋精神遍天下

新时代的好战士

2012年，正在武警上海总队服役的战士叶乃阳，荣登安徽省委宣传部、省文明办主办的"安徽好人榜"。消息传至警营，战友们无不伸出大拇指："他获此殊荣，当之无愧！"

2008年，刚满20周岁的叶乃阳光荣入伍，来到上海。入伍以来，他始终以雷锋精神引领人生道路，以奉献情怀实现自我价值，用爱心、忠心和恒心，谱写了一曲曲动人心弦的青春赞歌。

2009年，六安市民方祖俊骑摩托车遭遇车祸，成了"植物人"。父亲方正宏因操劳过度导致翻车，摔断了左腿。原本幸福的一家人，瞬间濒临绝境。

正在上海服役的叶乃阳得知了方家的不幸，立即与方家取得了联系，并从那时起，从每月的津贴中，拿出一大部分救济方家。同时，时常关心询问方祖俊的病情，鼓励方父振作起来，齐心协力渡过难关。两年多来，他已累计为方家救助近2万元。

"一定要让方祖俊醒过来！"抱着这个朴素的信念，叶乃阳通过各种渠道掌握了大量关于如何唤醒"植物人"的知识。他利用休假机会，买来了MP3和轮椅，为方祖俊播放音乐；天气晴好时，就把他抱到轮椅上，推到户外晒太阳；每天为他注射营养餐，给他翻身、剪指甲、擦洗身体，一闲下来就帮他按摩四肢；夜里就睡在他床边，不停呼喊他的名字，给他讲部队的事情。

功夫不负有心人。第十七天，奇迹出现了。那天下午，叶乃阳像往常一样放着音乐、讲故事，突然方祖俊微弱地哼了一声，缓缓睁开了双眼。沉睡近两年，终于苏醒了。叶乃阳和方父母惊喜不已，就连医生都感叹："这是一个奇迹。"

帮助方家仅仅是叶乃阳乐于助人、奉献爱心的一个缩影。几年来，叶乃阳先后为灾区、失学儿童和特困家庭捐款捐物计3万余元，带领战友先后与驻地六名孤寡老人结对帮扶。在他的倡导下，中队还组织理发员、卫生员、修理工和通信技工等多个学雷锋为民服务小组，深入驻地社区，开展便民服务三十六次，被驻地群众誉为"活雷锋小分队"。

20. 为共产主义奋斗终身

我在《前进报》上看到了共产党员郑春满同志舍己救人的英雄事迹后，感动得流出了眼泪。他在为抢救两个孩子的生命与怒涛漩涡搏斗中，光荣地献出了自己的宝贵生命。我为失去一个这样好的阶级兄弟而感到十分沉痛。同时，也为有这样一个在党和毛主席教导下，在革命军队洪炉里熔炼成长起来的真正优秀的阶级兄弟而感到光荣和骄傲。

……我要学习他那舍己为人的精神，为共产主义奋斗终身。

雷锋精神遍天下

抗艾英雄温情无限

桂希恩，是武汉大学中南医院教授，曾被国家卫生部授予"白求恩式的医务工作者"称号。在中央电视台主办的"2004十大感动中国人物"颁奖活动中，桂希恩被评为"十大年度人物"之一。颁奖词对他是这样评价的：一个教授做的五年，可以影响中国五百年。

1999年，一位来自河南上蔡县的医生告诉桂希恩，村里很多人得了一种"怪病"，发烧、拉肚子，怎么也治不好。经过调查，他发现这里的"怪病"竟然是艾滋病，于是将自己的调查结果向当地的政府和卫生局作了汇报，希望引起政府的高度重视。可是，在那个谈"艾"色变的年代，桂希恩的行为无疑触动了当地一些人的利益。他被认为破坏了当地政府的形象，影响了当地的经济发展，桂希恩成了"不受欢迎的人"。

"必须依靠政府的力量。"1999年10月，桂希恩提笔给时任国务院副总理的李岚清写信，以真实的数据揭开了河南省的艾滋病问题。

在得到中央领导的批示后，桂希恩为了防治艾滋病事业，为了那些他所牵挂的病人，就再也没有空闲过。他以极大的勇气承担着一个普通医生身份以外的道德和责任。桂希恩被请到中国疾病预防控制中心，详细汇报了疫情的调查结果。在桂希恩等人的努力促成下，中国艾滋病第一村——文楼村受到全国的关注，并成为全国第一个可以接受艾滋病免费治疗的村子。

有人曾说过知识分子肩负着特有的社会责任，是社会良知的代言人。桂希恩正是这样做的，他将目光投向了特殊的群体，用自己微薄的力量唤醒了社会良知。几年前，瑞士银行家马丁·哥顿通过各种渠道了解到桂希恩为中国的艾滋病防治做出的许多了不起的工作。后来，他来到武汉，找到了桂希恩，通过他了解到中国艾滋病儿童的状况。目前，全国已有不少名孤儿通过桂教授得到了马丁基金会的帮助。

2004年2月28日，桂希恩荣获"贝利·马丁奖"。颁奖会上，马丁·哥顿先生评价桂希恩教授的工作说，桂希恩教授是湖北乃至中国战斗在艾滋病防治与控制工作战线上的杰出代表，从他身上，看到了中国预防和控制艾滋病所取得的成就。他将5000美元的奖金全部捐助给了艾滋孤儿，然后，在经久不息的掌声中悄然退下。

21. 革命的利益高于一切

我看到一位同志做了一件损公利己的事，心里过不去，立即批评和制止了他。爱护国家和人民财产是我的责任，不能不管，今后还应该大胆地管。

牢牢记住，并且要贯穿到自己的生活和实际行动中去——革命的利益高于一切，处处为集体利益而不惜牺牲个人的一切。

雷锋精神遍天下

科学泰斗

钱伟长是中国近代力学之父，世界著名的科学家、教育家。钱伟长兼长应用数学、物理学、中文信息学，著述甚丰——特别在弹性力学、变分原理、摄动方法等领域有重要成就，令世界刮目相看，国际上以钱氏命名的力学，应用数学科研成果就有"钱伟长方程"、"钱伟长方法"、"钱伟长一般方程"、"圆柱壳的钱伟长方程"等。

有人说，钱伟长太全面了，他在科学、政治、教育每个领域取得的成就都是常人无法企及的。可钱伟长经常说："我没有专业，国家需要就是我的专业；我从不考虑自己的得与失，祖国和人民的忧就是我的忧，祖国和人民的乐就是我的乐。"他用六十多年的报国路诠释了自己一直坚持的专业：爱国。

22. 我愿意献出自己的一切

党和毛主席救了我的命,是我慈祥的母亲。我为党做了些什么? 当我想起党的恩情,恨不得立刻掏出自己的心;当我想起我所经历的一切太平凡了的时候,我就时刻准备着:当党和人民需要我的时候,我愿意献出自己的一切。

雷锋精神遍天下

孝女当家

出生于1991年的孟佩杰是山西临汾隰县人,有着不幸的童年。五岁,生父因车祸去世,生母无奈将女孩送人领养,不久生母因病去世;五岁的孟佩杰由刘芳英照顾,三年后养母刘芳英因病瘫痪,不久后,养父不堪生活压力离家出走,此后杳无音讯。

从此,孟佩杰日复一日照料养母刘芳英,任劳任怨,不离不弃。2009年,孟佩杰被距离家乡百公里外的山西师范大学临汾学院录取,不放心养母的她决定"带着母亲上大学",在学校附近租了房子,继续悉心照料着养母。

十二年间,孟佩杰身上发生了无数令人动容的"小故事"。从中学到大学,孟佩杰给大家印象最深的是她什么时候都是小跑着,一路小跑着去上学,一路小跑着回家照顾养母,经常跑得气喘吁吁,面红耳赤。照料养母生活起居是孟佩杰每天耗时最长的"必修课"。刘芳英瘫痪后大小便失禁,为了尽可能避免弄脏床单被褥,孟佩杰就在褥子上铺上塑料布,塑料布上又铺上床单。即便如此,洗尿布、衣裤、床单仍是她每天必做的"功课"。另一项必做的"功课"是帮助养母做康复训练。2010年,临汾一家医院听闻孟佩杰感人故事后,将刘芳英接入医院免费治疗。为配合医院治疗，孟佩杰每天要帮养母做二百四十个仰卧起坐、拉腿二百次、捏腿三十分钟……

在贫困中，她任劳任怨，乐观开朗，用青春的朝气驱赶种种不幸；在艰难里，她无怨无悔，坚守清贫，让传统的孝道充满着每个细节。虽然艰辛填满四千多个日子，可是她的笑容依然灿烂如花。她的事迹感动了中国每一个人。

23. 永远做一个人民的小学生

十多年来，我在党的不断培养和教育下，提高了政治思想觉悟，树立了为共产主义事业奋斗到底的雄心大志，因此在各项工作和学习中取得了一点点成绩，党和人民给予了我很大的荣誉。自从去年各报刊和广播电台介绍了我的情况以后，收到了全国各地许多青年的来信。今天党对我这样信任，同志们对我这样尊重，我一定要更加虚心，尊重大家，努力学习，忘我工作，时时牢记毛主席的教导，永远做一个人民的小学生。

人民的困难，就是我的困难，帮助人民克服困难，贡献自己的一点力量，是我应尽的责任。我是主人，是广大劳苦大众当中的一员，我能帮助人民克服一点困难，是最幸福的。

雷锋精神遍天下

拥军模范

徐州历来为兵家必争之地，也是"全国双拥模范城"七连冠城市，有着拥军优属、拥政爱民的光荣传统。云龙区黄山街道办事处活跃着一支"老妈妈拥军服务队"，多次被评为省、市双拥先进单位、徐州市三八红旗先进集体。

"老妈妈拥军服务队"是一支具有光荣拥军传统的队伍，由社区二十多位关爱军队事业的"老妈妈"组成，平均年龄56岁。早在1982年，一群拥军爱兵的"老妈妈"，在时任居委会主任侯素英的带领下与辖区某部六团五连结成了双拥共建对子，"老妈妈拥军服务队"即告成立。从那时起，"老妈妈"们的拥军活动三十年如一日，风雨无阻，从未间断，"老妈妈"们跟部队战士建立了深厚的军地亲、母子情。先前，部队条件有限，没有配置洗衣机，战士们洗衣存在一定困难，当"老妈妈"们得知这一情况后，就组织起来定期到部队为战士洗衣拆被、缝补衣物，与战士们谈心，给予了战士们母亲般的关爱。每年春节、中秋、端午这些传统节日，或是战士们训练归来，"老妈妈"们都精心准备，相约来到军营，带着他们自己亲手做的饺子、粽子、月饼等节日食品看望战士们。每当新战士入伍、老战士退役时，拥军服务队都要为他们召开欢迎、欢送会，每人送去一份纪念品，久而久之，这些做法已形成了不成文的制度，被"老妈妈"们一年年地默默执行着。

三十年来，"老妈妈"们怀着对子弟兵浓浓的感情，拥军爱兵无怨无悔，把无私爱心倾注到军营里，把慈祥的母爱和自己的余热献给了子弟兵。"老妈妈拥军服务队"的拥军活动受到部队官兵的热烈拥戴，赢得了人民群众的热情响应。现任"老妈妈"服务队队长吴玲表示：拥军服务队的传统只有开始没有结束，我们将把拥军的火种永远传递下去。

24. 做人民最忠实的勤务员

今天是国庆节,我格外的高兴。在这伟大的节日里,我加倍地惦记着英明的领袖——毛主席。

敬爱的毛主席呀,毛主席!我天天想,月月盼,总想见到您。……可现在我还差得很远,没有做出什么成绩,对人民没有多大贡献。但是我有决心听您老人家的话,永远站在无产阶级的立场上。我要像松树那样,不怕风吹雨打、严寒冰雪,四季常青;我要像柳树一样,插到哪里都能活,紧紧与人民连在一起,在人民中生根、长大、结果,做人民最忠实的勤务员。

我要以坚强的毅力,忘我地劳动,刻苦学习,做好工作,争取见到毛主席。

雷锋精神遍天下

达吾提·阿西木

达吾提·阿西木是新疆巴楚县琼库恰克乡吐格曼贝希村党支部书记。2003年2月24日发生的巴楚-伽师地震中,达吾提·阿西木的五位家人遇难、四位亲人受伤。他强忍着巨大的悲痛,迅速组织党员和群众投入到抢救被压在废墟下群众生命的战斗之中。在他的组织领导下,村党支部和共产党员成为危难时刻乡亲们的"主心骨"和"脊梁",坚定了村民战胜灾难、重建家园的信心。

在灾后村民大会上,达吾提·阿西木代表支部成员向乡亲们承诺"一定要让村里的面貌根本改变"。为了让乡亲们早日住上抗震安居房,恢复正常的生产、生活,他没日没夜地工作,想方设法为贫困群众送去党的温暖。针对村里耕地少,相当一部分是盐碱地,他带领村民开荒造田，调整农业结构，大力发展畜牧业。村里的耕地面积从原来的4000多亩增加到现在的5460亩，人均耕地面积扩大到3.76亩；林果面积由2002年的400亩增加到1400亩，新建的100个蔬菜大棚也产生了明显经济效益，该村还成了全乡的养牛专业村，集体经济收入由震前的2.1万元猛增至35万元。他是中共十七大代表，被授予全国优秀共产党员、全国劳动模范等荣誉称号。

25. 一定要走群众路线

我做事，老好一个人去干，不爱叫别人，生怕人家不高兴。就拿扫地来说，我每天早上忙得不可开交，有的同志却闲着没事，自己累得够呛，可是扫的地段不大。有时室外卫生没有及时打扫，首长看了不满意，我为这个问题真有点着急。

今天连长找我谈话，句句打动了我的心。他说："火车头的力量很大，如果脱离了车厢，就起不到什么作用。一个人做工作，如果脱离了群众，就会一事无成……"连长的话给了我很大的教育和启发，使我懂得了一个人只有和集体结合在一起才能最有力量。今天我发动了全班的同志打扫卫生，由于大家一齐动手，很快就把室内室外打扫得干干净净，事实证明连长的话是正确的。今后我无论做什么，一定要走群众路线，依靠群众，发动群众，团结群众，一道为社会主义建设和实现共产主义而贡献力量。

雷锋精神遍天下

壹基金的诞生

著名动作明星李连杰曾两次出现在美国《时代》周刊的封面上，第一次是因为电影《英雄》，第二次是因为"他缔造了从武术家变身慈善家的'杰世纪'"。

2004年圣诞，在那场席卷东南亚地区的大海啸中，李连杰和他的孩子当时差点魂归碧海。大难之后对生命感悟良多，于是用实际行动号召成立"壹基金"，救助更多需要帮助的人。 壹基金提出：1人+1元+每1个月=1个大家庭的概念，即每人每月最少捐一元，集合每个人的力量让小捐款变成大善款，随时帮助大家庭中需要帮助的人。

在全球拥有众多影迷的李连杰通过自己的努力创造了壹基金慈善理念，分别在中国大陆及香港地区、美国和新加坡设立了慈善办事机构。

让壹基金的名声响彻中外的，是5.12大地震。"壹基金"一共募得1370万美元，大部分都捐助了四川大地震的灾民。在抗震救灾最紧张的阶段，李连杰亲自赴灾区扛着救灾物资的事情，成为当时最抢眼球的新闻之一。

壹基金成立以来面对了几场大灾难，他都迅速反应，作出了贡献。他自己也明确表示："过去几年我领悟到：只有把自己的物质欲望减到最低，才能得到最大的快乐。"如今，壹基金正逐步成长为一个国际性的公益品牌。

26. 做一个对人民有用的人

人生总有一死，有的轻如鸿毛，有的却重如泰山。我觉得一个革命者活着就应该把毕生精力和整个生命为人类解放事业——共产主义全部献出。我活着，只有一个目的，就是做一个对人民有用的人。

当祖国和人民处在最危急的关头，我就挺身而出，不怕牺牲。生为人民生，死为人民死。

雷锋精神遍天下

把时间献给孩子

他是一名歌手，也是一名义工，还是183个孩子的"父亲"。他深受观众喜爱，有足够的条件让自己生活富足，但他却倾尽家财资助贫困学生，为孩子们花了几百万元，自己却没钱治病甚至负债。

丛飞，原名张崇，1969年出生于辽宁省一个贫困家庭，初二便被迫辍学回家。但执著的音乐梦想让他不畏艰难四处拜师学艺，最终考上沈阳音乐学院声乐系，后被著名歌唱家郭颂收为"关门弟子"。

1994年，丛飞参加了一场在四川成都举行的失学儿童重返校园的慈善义演。当时观众席上坐着几百名因贫困而辍学的孩子。童年的苦难经历让丛飞对这些孩子的学业和前途十分担忧，他当场捐出了所带的全部现金2400元。丛飞的慈善之路从此开始，并十几年如一日坚守，直到生命的终点。

丛飞收养了这么多孩子，花费了几百万元，但其实他的生活并不宽裕。刘家增说，丛飞常常收到一笔演出费后，就寄给贫困地区的孩子，自己根本存不下钱。丛飞家里有一个保险柜，里面不是现金或贵重物品，而是他资助的一百多个孩子写给他的信和孩子们的照片。丛飞和妻女住在一间58平方米的房子里，家里唯一值钱的就是一架旧钢琴。

由于长时间超负荷工作，从2004年春天开始，丛飞的胃部经常剧烈疼痛，家人和朋友们都劝他住院治疗，但为省钱，丛飞只在门诊开了些口服药服用。2005年5月，丛飞被诊断为胃癌晚期。丛飞的仁爱善举也感动了社会。一位为病中的丛飞送去一万元捐款的小伙子说："丛飞用爱心感动了深圳，深圳人也要用爱心来温暖丛飞。"2006年，年仅37岁的丛飞不幸病逝。而按他遗嘱捐献的眼角膜让六个孩子重见了光明。

丛飞走了，但是千千万万的人加入到了义工队伍，加入到了慈善的队伍。丛飞精神将薪火相传。

27. 对党、对人民要忠诚老实

今天我在报纸上看了一篇文章,其中鲁迅的两句诗对我教育很深。我坚决要按照鲁迅的那两句诗去做:

"横眉冷对千夫指,俯首甘为孺子牛。"

对敌人要狠,要像严冬一样残酷无情;对党、对人民要忠诚老实,永远忠于党,忠于人民,做党和人民的驯服工具。

> 雷锋精神遍天下

好医生华益慰

华益慰,1933年出生于天津的一个医学世家,是北京军区总医院一位医生,从医五十六年,始终如一地像白求恩那样对事业极端负责,对人民极端热忱,对技术精益求精,把全部爱心奉献给人民,把毕生精力倾注在军队医学事业。

他行医五十六年,接诊上万人,手术数千例,从没有出过一起医疗差错,从没有做过一件对不起病人的事,把对党的忠诚,融入到了人生的每个阶段和工作的每个细节。华益慰同志不愧是共产党员的优秀楷模,不愧是广大医务工作者的杰出代表。

2006年"感动中国"节目评价华益慰:"不拿一分钱,不出一个错,这种极限境界,非有神圣信仰不能达到。他是医术高超与人格高尚的完美结合。他用尽心血,不负生命的嘱托。"

28. 做一个真正的革命者

高楼大厦都是一砖一石砌起来的，我们何不做这一砖一石呢！我所以天天都要做这些零碎事，就是为此。

有些人说工作忙、没时间学习。我认为问题不在工作忙，而在于你愿意不愿意学习，会不会挤时间。

我觉得一个真正的革命者，他是大公无私的，所作所为，都是对人民有益的，他的责任是没有边的……

雷锋精神遍天下

这就是爱

韩惠民是一名苏州市民。韩惠民和妻子徐敏芳默契"配合"，共同照顾一位瘫痪病人，已经持续了整整三十四年。不过，让一般人难以理解的是，这位长期卧床的病人正是韩惠民年轻时的初恋情人……

1972年，韩惠民与比他小一岁的吴月瑛同在苏州沧浪区工业淀粉厂工作。虽然两人彼此从未说过一个"爱"字，但两人已是形影不离，心心相印。

1974年4月的一天，吴月瑛坐着三轮机动车回厂。机动车突然侧翻，吴月瑛被抛落在人行道，当场昏迷。经抢救，昏迷多日的吴月瑛脱离了生命危险，但颈椎中枢神经断裂，手术后用钢板固定，再也不能站立，也不能坐，只能躺在床上。韩惠民在吴月瑛住院的日子里，自己日夜守护在她身边，喂饭、端尿，陪她说话解闷。出院后，韩惠民也一直悉心照顾她。

吴月瑛瘫痪后的三年多时间里，不少热心人要给韩惠民介绍女朋友，都被他婉言谢绝。吴月瑛多次劝说韩惠民尽快成个家，但他就是不听，他暗下决心，要一直守护着她，哪怕不结婚，也要守护她一辈子！

在吴月瑛和她父母的屡次劝说下，韩惠民终于答应找女朋友。不过他有个前提，对方必须同意与他一起照顾吴月瑛。经人介绍，韩惠民认识了徐敏芳。当徐敏芳了解到韩惠民坚持多年不谈恋爱，只为照顾过去的情人，她被韩惠民的一片痴情所打动。

1980年，韩惠民与徐敏芳结为伉俪。从此，守护在吴月瑛身边的又多了一个人。三十四年倾情照料，如今韩惠民与吴月瑛两家人早已成了自家人。韩惠民的女儿认了吴月瑛当干妈，退休在家的徐敏芳只要一有空，就来到吴月瑛家里坐坐，跟她讲讲家长里短的事情。

徐敏芳感慨地告诉记者，这么多年走过来，丈夫早已成了吴月瑛的精神支柱，从年轻时的爱情到现在亲人般的依赖，她能理解也非常支持。韩惠民和徐敏芳告诉吴月瑛："有我们在，一定会守护你，照顾你一直到老！"吴月瑛被深深地感动了，这次她流下的不再是悲伤的泪水，而是幸福的泪水，更坚定地活下去的泪水……

29. 钉子有两个长处

要学习的时间是有的，问题是我们善不善于挤，愿不愿意钻。

一块好好的木板，上面一个眼也没有，但钉子为什么能钉进去呢？这就是靠压力硬挤进去的，硬钻进去的。

由此看来，钉子有两个长处：一个是挤劲，一个是钻劲。我们在学习上，也要提倡这种"钉子"精神，善于挤和善于钻。

时间紧，可是看一页是一页，积少成多。学习，不抓紧时间不行。

> 雷锋精神遍天下

民族脊梁

钱学森，是中国杰出的爱国科学家，是航空领域、空气动力学学科的第三代挚旗人，是工程控制论的创始人，是二十世纪应用数学和应用力学领域的人物。1934年，他考取清华大学第二届公费留学生，1935年进入美国麻省理工学院航空系学习，1936年转入美国加州理工学院航空系，成为世界著名空气动力学教授冯·卡门的学生，很快成为科学群星中极少数的巨星之一。

当中华人民共和国宣告成立的消息传到美国后，钱学森和夫人蒋英按捺不住内心的喜悦，商量着早日赶回祖国，为自己的国家效力。此时的美国掀起了一股驱使雇员效忠美国政府的狂热。美国海军部次长恶狠狠地说："他知道所有美国导弹工程的核心机密，一个钱学森抵得上五个海军陆战师，我宁可把这个家伙枪毙了，也不能放他回中国去！"从此，美国对他的政治迫害接踵而至。

1955年10月，经过人民政府的努力，钱学森同志终于冲破重重阻力回到了祖国，长期担任火箭导弹和航天器研制的技术领导职务，为中国火箭和导弹技术的发展提出了极为重要的实施方案——为中国火箭、导弹和航天事业的发展作出了不可磨灭的巨大贡献。

30. 我要把有限的生命，
投入到无限的为人民服务之中去……

人的生命是有限的，可是，为人民服务是无限的，我要把有限的生命，投入到无限的为人民服务之中去……

在最困难、最艰苦的工作中，我就想起了黄继光，浑身就有了力量，信心百倍，意志更坚强……

我每次外出执行任务或在最复杂的环境中，就想起了邱少云，就能严格地要求自己，很好地遵守纪律。

每当我得到福利和享受的时候，就想起了白求恩，就先人后己，把享受让给别人。

当个人利益与国家、党和人民的利益发生矛盾的时候，我就想起了过去家破人亡、受苦受难的苦日子，就感到党的恩情永远报答不完。

雷锋精神遍天下

点燃生命

2008年5月8日上午9时17分，中国登山队19名队员成功登上珠峰之巅并进行了奥运火炬接力，首次实现了奥运圣火在世界之巅的传递。来自奥林匹亚的圣火终于登上了世界最高峰！圣火耀珠峰的盛景终于呈现在世人面前！中国书写了奥运史上的一个奇迹！

那一刻全世界的中国人都感到无比的骄傲和自豪，而这五名英雄和他们所在的珠峰火炬队克服了重重困难，实现了所有中国人的梦想。

31. 我是人民的子弟兵

"紧紧地和中国人民站在一起,全心全意地为中国人民服务,就是这个军队的惟一的宗旨。"

我是人民的子弟兵,一定要永远牢记党和毛主席的教导,无论什么时候都要关怀、爱护人民群众的利益,为人民群众的利益而战斗不息。

我们的党、政府和全国人民对革命军人的关怀和照顾是无微不至的。作为一个革命战士的我,是多么的自豪啊!但是我不能骄傲,一定牢记住党和人民对我的委托,努力学习,积极工作,英勇战斗,保持和发扬人民军队的优良传统。……

雷锋精神遍天下

有信延信

谢延信同志是焦煤集团鑫珠春公司的一名普通矿工,自1974年以来的三十六年里,他用自己的爱心、孝心和责任心全力照顾亡妻的三个亲人——瘫痪在床的父亲、丧失劳动能力的母亲、先天呆傻的弟弟,大孝至爱,感人至深。

谢延信原名刘延信,1974年,他新婚一年的妻子生下女儿后因产后风不幸去世,他主动承担起照料前妻父母和呆傻妻弟的责任。为使老人放心,他毅然改姓为谢。1979年,岳父突患脑中风,全身瘫痪。一老、一瘫、一傻、一幼,重担全部压在谢延信的身上。为照顾岳父一家,谢延信狠下心把5岁的女儿送回滑县老家,自己在焦作伺候老人。岳父瘫痪在床十八年,他精心护理,端屎端尿,洗澡按摩,十八年老人没有得过褥疮。为省钱给两位老人看病,他四处打零工,经常挖野菜、捡菜叶,连水果也没舍得给自己买过。岳母患有肺气肿、胃溃疡，丧失了劳动能力，内弟先天呆傻，在岳父去世后，谢延信对他们的照顾更是尽心竭力。他以不放弃照顾前妻一家人为前提，多次拒绝组建新的家庭，直到丧妻十年后才与志同道合的谢粉香组成新的家庭。

　　从谢延信同志的身上我们看到了他爱老敬老、大孝至爱的高尚情操，重诚守诺、无私奉献的优秀品质，热爱生活、迎难而上的坚强毅力和爱岗敬业、忠于职守的崇高精神。

32. 做一个名副其实的共产党员

我一口气看完了《中国青年》杂志上徐老（徐特立）写给晚辈的几封家信。越看越感到浑身是劲，越看越觉得亲切，越看越想看。特别是徐老说的："一个共产党员应当什么都知，什么都能，什么都学，什么都干，什么人都交，什么生活都过得下去。"这些话对我来说，是有很大启发和教育的，也是我应当知道的，必须要做的。我要永远记住徐老这些有益的话，并且要贯串于一切言论和行动之中，决心把自己锻炼成为一个名副其实的共产党员，为人类作出贡献。

雷锋精神遍天下

大写尊严

2008年4月7日，当北京2008年奥运会火炬接力在法国巴黎著名的埃菲尔铁塔开始环球传递第5站的传递活动，来自中国的残疾击剑运动员、火炬手金晶是第三棒。在这一站这个非常勇敢和可爱的女孩引起在场所有媒体和中国人的关注。

金晶传递途中极少数的"藏独"分子企图干扰北京奥运火炬的传递，他们试图要从坐在轮椅上的金晶手里抢走火炬。金晶面对突如其来的冲击，毫不畏惧，紧紧护住火炬不被抢走。同时脸上仍然流露出骄傲的神情。用她那残弱的身躯捍卫着奥运精神，这个画面打动了在场所有人的心，被誉为：守护"祥云"的天使；"最美最坚强的火炬手"。

那是光荣的一刻！她以柔弱之躯挡住残暴，她用美丽的微笑，传递力量。她让全世界读懂了奥运的神圣和中国人的骄傲，中国人的自豪。金晶谈起自己当时的念头时，非常坚定："奥运火炬代表着奥林匹克理想，代表着全人类的美好愿望。传递奥运圣火是我的梦想。火炬在我手里，谁也抢不走！"

33. 为党的事业贡献出自己的一切

我觉得一个革命者就应该把革命利益放在第一位,为党的事业贡献出自己的一切,这才是最幸福的。

"我们的同志不论到什么地方,都要把和群众的关系搞好,要关心群众,帮助他们解决困难,团结广大人民,团结得越多越好。"

我觉得一个共产党员是人民的勤务员,应当把别人的困难当成自己的困难,把同志的愉快看成是自己的幸福。

雷锋精神遍天下

中流砥柱

2008年5月12日下午,经大忠正在县委礼堂参加全县青年创业表彰大会。会议刚要开始,大地强烈震动,玻璃破碎,天花板掉落。紧接着,主席台后面的房顶和墙体垮了下来,坐在前排的人被震起一米多高。"地震了!"所有人都慌乱起来,惊叫声、哭喊声,此起彼伏。会议室只有两扇一米多宽的门,如果大家一拥而出,后果不堪设想。情急之中,经大忠一边打着手势,示意人群赶快疏散,一边大吼:"领导留下,学生先走"!二百多名学生很快撤了出去。

一瞬间,周围房屋全部倒塌,天空弥漫着灰尘,能见度仅四五米。他意识到北川发生了前所未有的大地震。他第一时间的反应就是,必须先弄清全城情况,尽快把幸存者集中起来。马上安排人大李书记和杨副主任留在县委大院,组织疏散群众,抢救伤员,及时地缓解了灾难后人心惶恐的继发性灾难。

在组织转移的同时，经大忠带着留下的人，用双手刨，用绳索吊，靠人背、抬、扶，用最原始的办法，硬是从废墟表层救出了一千多人。晚上，余震不断，风夹着雨，远近不断传来哭泣声、呼救声、呻吟声，伴随着山体哗哗的垮塌声，人们感到极度的恐慌和无助。他组织党员干部，一边安慰废墟中的群众，鼓励他们，为他们打气，一边收集食品和水，以及能遮风避雨的东西，尽可能让数千受灾群众能避避雨，充充饥，熬过这艰难的一夜。

　　在地震中，经大忠的妹妹和一个侄儿、两个侄女遇难时，工作人员劝他去看看，争取能见上最后一面，经大忠沉默了半晌，只说了一句话："失去的永远回不来，我的任务是救活人！"在记者采访时，经大忠终于忍不住流泪说："我对不起妹妹和侄儿侄女，希望你们在天之灵能够原谅我，我无法撇下父老乡亲，因为他们也是我的亲人！"说完，他又立即投入到紧张的抢险救援工作。

　　就是这样他强忍巨大的悲痛，以坚强的意志，始终战斗在抗震救灾第一线。这就是我们共产党人的本色，无论是山崩地裂，还是生死关头，永远和人民在一起。

34. 为共产主义事业奋斗终身

我今天能够参加团里的党代大会，感到特别的高兴和激动。回顾十多年前，我还是一个穷苦的孤儿，吃不饱，穿不暖，过着饥寒交迫的苦日子。

……自从来了伟大的共产党和英明的毛主席，我才脱离苦海见青天。

伟大的党啊——我慈祥的母亲，是您把我从虎口中拯救出来，抚育我成长。

是您，给了我无产阶级的思想。

是您，给我指出了前进的方向。

是您，给了我前进的动力。

是您，给了我的一切……

敬爱的党——我慈祥的母亲，我只有以实际行动来感恩。

一、坚决听党的话，一辈子跟着党走。

二、刻苦学习，忘我劳动，积极工作，完成党交给我的任务。

三、永远忠于党，忠于人民，为共产主义事业奋斗终身。

要树立四个观念：

一、政策观念。

二、集体观念。

三、战备观念。

四、劳动观念。

雷锋精神遍天下

嫦娥一号研发团队

这是一支年轻的队伍，平均年龄仅30岁。副总指挥34岁，副总设计师37岁，总体主任设计师36岁。这是一群航天才俊，三年多来先后攻克了轨道设计、月食问题、数传定向天线研制、卫星热设计、导航与控制分系统设计、测控数传分系统设计、紫外月球敏感器、数管分系统设计等一系列技术难题，拿下了一大批具有自主知识产权的核心技术。2007年11月7日，当"嫦娥一号"卫星以超出设计预期的精准度进入环月工作轨道的那一刻，举国欢庆、全民振奋，中国人千年奔月的愿望终于梦想成真。

35. 为人类解放而斗争

雷锋呀，雷锋！我警告你牢记：千万不可以骄傲。你永远不能忘记，是党把你从虎口中拯救出来，是党给了你一切……至于你能做一点事情了，那是自己应尽的义务。你每一点微小的成绩和进步都应该归功于党，要记在党的账上。我一定听党和毛主席的话，把我的青春献给世界上最壮丽的事业——为人类解放而斗争。

骄傲的人，其实是无知的人。他不知道自己能吃几碗干饭，他不懂得自己只是沧海之一粟……

这些人好比是一个瓶子装的水，一瓶子不满，半瓶子晃荡，可是还晃荡不出来。这有什么值得骄傲的呢？

雷锋精神遍天下

心灵强者

李丽，是湖南省衡阳市人，自幼患小儿麻痹症，后又遭遇严重车祸。她经历过大小手术四十多次，身上被切口达二百七十多处，现在行动只能靠轮椅。但她并没有向命运屈服，而是"把挫折当存折，把苦难当享受，把失败当财富，把残疾当动力"。

2005年初，李丽自筹资金赴北京师大系统学习家庭教育、儿童心理学、犯罪心理学、发展心理学等课程，并通过考试取得心理咨询师资格。回衡阳后创办公益性机构——李丽家庭教育工作室，建立"丽爱天空"公益网站，开通二十四小时心理疏导热线。她深入学校、企业、社区、部队、监狱，义务开办家庭教育和心理健康教育讲座，共举办讲座五百多场，听众达八十余万人次。几年来共帮助百余名厌学孩子重返校园,二百多名孩子戒除网瘾,让近万名学生树立自信,还向服刑劳教人员赠送书籍一千二百余册,义务推荐安置六十多名刑释解教人员就业。

她先后被三十二所大中小学聘为校外辅导员,十三所监狱、劳教所聘为教育顾问,十二个军事单位聘为心理辅导员。她获得全国三八红旗手、中国百名优秀母亲等多项荣誉称号。

36. 不经风雨，长不成大树

不经风雨，长不成大树；

不受百炼，难以成钢。

迎着困难前进，这也是我们革命青年成长的必经之路。有理想有出息的青年人必定是乐于吃苦的人。

我要永远愉快地多给别人，毫不计较个人得失……

我愿在暴风雨中——艰苦的斗争中锻炼自己，不愿在平平静静的日子里度过自己的一生。

雷锋精神遍天下

云帆沧海

"单人帆船环球航海中国第一人"翟墨曾是一个画家，30岁那年和一位航海老人的偶遇，彻底改变了翟墨的人生。出于艺术家对自由的向往，他毅然舍弃一切，倾家荡产买了一条帆船，短暂的浪漫过后，他体验到大海的残酷与无情：十一级风暴与深海地震一起发生，帆船被摧毁，他也差点丧命……

这次风暴的洗礼，却使翟墨真正体验到航海的魅力，开始为环球航海的梦想不懈努力：为募集资金，他放下自尊四处求人，却一次又一次碰壁；为练技术，他策划中国海疆万里行，三闯鬼门关九死一生……历尽艰辛也不放弃。七年后，翟墨终于从山东日照起航，可一个人的环球航海，等待他的是什么？孤独、恐惧、鲨鱼、海盗、疲惫、风暴、美军基地的枪口、荒岛无医时高烧……最终，翟墨克服了所有这些困难，驾驶着日照号顺利完成环球航海，成为"单人帆船环球航海中国第一人"。

37. 一条条小渠，汇入江河

我懂得，一个人只要听毛主席的话，积极工作，就能为党做很多好事情。但，一个人的力量毕竟是有限的，走不远，飞不高，好比一条条小渠，如果不汇入江河，永远也不能汹涌澎湃，一泻千里。

雷锋精神遍天下

树仁立德

胡鸿烈及钟期荣夫妇青年时代已经是民国司法外交界的青年才俊，1953年两人学成回香港后，一直是执业律师。因感于许多年轻人没钱上大学，1971年他们自资创办树仁学院，牺牲了自己的青春和健康，为香港社会培养数以万计的人才。胡氏夫妇为学校拼尽心力，生活非常节俭。胡鸿烈更不惜以迟暮之年，回律师楼工作，出入法庭打官司，为学校大楼挣工程费。据估算，两人创立树仁学院，奉上毕生积蓄估计至少四至五亿元。

贤者伉俪，本可锦衣玉食，却偏偏散尽家产，一生奔波。为了学生，甘为骆驼。与人有益，牛马也做。我们相信教育能改变社会，而他们为教育做出楷模。

38. 我是党的儿子，人民的勤务员

我是党的儿子，人民的勤务员。我走到哪里，哪里就是我的家，我就在哪里工作。

生活中一切大的和好的东西全是由小的、不显眼的东西累积起来的。

人若没干劲，好像没有蒸汽的火车头，不能动；像没长翅膀的鸟，不能飞。

雷锋精神遍天下

敬老爱幼

刘国江是吉林省九台国税局的一名税务员，从1986年开始，刘国江先后照顾过200多位敬老院的孤寡老人。逢年过节，刘国江就整天陪着他们，买来肉馅给老人们包饺子，他把老人们的生日都记在小本子上，到时候，他就会买来蛋糕，同老人一起庆祝。刘国江一来，老人们都围过来，儿子长儿子短地亲近不够。遇上哪位老人有病打点滴，他就陪在老人身边，一直熬到半夜，感动得老人直流泪。如果有老人看病住院需要车，只要院里打个电话，他马上就赶到，背着老人上下车，为老人挂号、买药、垫付医药费。每逢春秋两季，刘国江都借来大客车，拉着全院老人出去游玩，和老人们一起联欢。

除了照顾孤寡老人，刘国江还有许多扶危济困、助人为乐的事迹被传为佳话。2001年，他及时把在一起交通事故中受伤的长春市108小学学生陆遥送到医院，并交付治疗费；得知白血病患儿顾小青需要资助，他送去了800元钱。2002年9月，听到见义勇为英雄胡

广胜身负重伤住院的消息后,他立即前去探望,将身上仅有的500元钱全部捐出,自己连坐车的钱也没留,徒步回到单位。2003年2月,他把刚领到的1000元工资,捐助给长春市第34中学的几位贫困生。2005年,印度洋发生海啸,他捐了1000元钱……只要有人需要帮助,只要口袋里有钱,他就不会犹豫。

人民日报、新华社、中央电视台等中央媒体对刘国江事迹进行了宣传报道。刘国江先后被全国总工会授予全国五一劳动奖章,被吉林省慈善总会命名为吉林省慈善先进个人。

39. 虚心学习

我们要真正学到一点东西，就要虚心。譬如一个碗，如果已经装得满满的，哪怕再有好吃的东西，像海参、鱼翅之类，也装不进去，如果碗是空的，就能装很多东西。装知识的碗，就要像神话中的"宝碗"一样，永远也装不满。

有人说：人生在世，吃好、穿好、玩好是最幸福的。

我觉得人生在世，只有勤劳，发奋图强，用自己的双手创造财富，为人类的解放事业——共产主义贡献自己的一切，这才是最幸福的。

雷锋精神遍天下

毕生梦想消除饥饿

袁隆平，是中国杂交水稻育种专家，被誉为杂交水稻之父，一生所获荣誉不计其数。

1953年夏和1960年，中国发生了全国性的大饥荒，饿殍遍地，深深刺激了袁隆平，他决意在农业科研上搞出点名堂来。

经过十几年的努力，1973年，袁隆平发表了题为《利用野败选育三系的进展》的论文，正式宣告我国籼型杂交水稻"三系"配套成功。这是我国水稻育种的一个重大突破。紧接着，他和科研小组的同事们又相继攻克了杂种"优势关"和"制种关"，为水稻杂种优势利用铺平了道路。袁隆平成为建国以来贡献最大的农学家。用中国农民的话说："我们吃饱饭，靠的是两'平'，邓小平和袁隆平。"

随着杂交水稻在世界各国试验试种，杂交稻已引起世界范围的关注。袁隆平近年来，先后应邀到菲律宾、美国、日本、法国、英国、意大利、埃及、澳大利亚八个国家讲学、传授技术、参加学术会议或进行技术合作研究等国际性学术活动十九次。杂交水稻推向世界,美国、日本、菲律宾、巴西、阿根廷等一百多个国家纷纷引进杂交水稻。自1981年袁隆平的杂交水稻成果在国内获得建国以来第一个特等发明奖之后,从1985—1988年的短短四年内,又连续荣获了三个国际性科学大奖。国际友人称颂这位"当代神农氏"培育的杂交水稻是中国继指南针、火药、造纸、活字印刷之后,对人类作出的"第五大贡献"。

袁隆平有两个心愿:一是把"超级杂交稻"合成;二是让杂交稻走向世界。这是袁隆平的心声,一种博大的爱。他希望杂交水稻的研究成果不但能增强我们国家自己解决吃饭问题的能力,同时也为解决人类仍然面临的饥饿问题做出更大的贡献。因此,袁隆平把帮助其他国家发展杂交稻当作为人类谋幸福的崇高事业。他还受聘担任了联合国粮农组织的首席顾问。

40. 我愿永远做一个螺丝钉

一个人的作用，对于革命事业来说，就如一架机器上的一颗螺丝钉。机器由于有许许多多的螺丝钉的连接和固定，才成了一个坚实的整体，才能够运转自如，发挥它巨大的工作能力。螺丝钉虽小，其作用是不可估量的。我愿永远做一个螺丝钉。螺丝钉要经常保养和清洗，才不会生锈。人的思想也是这样，要经常检查，才不会出毛病。

我要不断地加强学习，提高自己的思想觉悟，坚决听党和毛主席的话，经常开展批评与自我批评，随时清除思想上的毛病，在伟大的革命事业中做一个永不生锈的螺丝钉。

我听有些人说：当兵不合算，挣不到钱，不如在家种二亩自留地，既有花的，又有吃的……我认为这种人对个人利益和集体利益的关系认识不足。俗话说："大河涨水，小河满；大河无水，小河干。"同样的，只有集体利益富裕了，个人利益才能得到满足，如果没有集体的利益，哪还有什么个人的利益呢？

雷锋精神遍天下

中国工程院院士钟南山

2003年中国局部地区发生SARS疫情，国外一小撮别有用心的势力借机丑化中国。钟南山作为防治SARS的权威专家，利用经常参加国际性学术会议的机会，实事求是地告诉各国的专家学者在中国发生的SARS事件，中国政府和人民所做的努力及取得的成绩。2003年5月28日，钟南山应邀在全美胸肺学会（ATS）上作了《中国重症急性呼吸综合征(SARS)发病情况及治疗》的专题学术报告,他专业、开放、实事求是的态度,有理有利有节的辩论风格,引起美国主流媒体的关注。著名的CNN电视台在"今日美国"中评论"中国大陆的SARS发病率已经明显下降,令人鼓舞"。钟南山的努力,一定程度上打破了国外势力借SARS事件丑化中国的"话语垄断"企图,使国际社会对中国疫情有了一个客观公正的认识。

那段时间,钟南山既要在临床一线救治SARS患者,又要协调各地的防治工作,极少休息,身体很疲惫。老伴经常劝他少外出、多休息,甚至为此朝他发脾气。但钟南山停不下来,因为他把自己为祖国服务、为党工作的有限时间,看得比健康、比生命更宝贵。

人们相信,通过国际大合作,人类一定能攻克非典型肺炎。但历史不会忘记为防治非典无私无畏、勇于奉献的医务人员,也不会忘记钟南山——这位中国医疗界的杰出代表,站在抗击非典型肺炎最前沿的科学家。

41. 个人和集体的关系

有些人对个人和集体的关系认识不清，因此做工作、办事情、处理问题等，只顾个人，不顾整体。这样，就会给革命造成损失，给集体造成不利。我觉得正确认识个人和集体的关系是很重要的。

我认为个人和集体的关系，正像细胞和人的整个身体的关系一样。当人的身体受到损害的时候，身上的细胞就不可避免也要受到损害。同样的，我们每个人的幸福也依赖于祖国的繁荣，如果损害了祖国的利益，我们每个人就得不到幸福！

雷锋精神遍天下

心系学生

殷雪梅，是江苏金坛城南小学的一位教师。在学校，她素来以关爱学生、热爱教育而著称。

2005年3月31日，城南小学一、二年级学生去观看革命传统教育影片，在经过一个路口时，殷雪梅站在斑马线中央，护送学生过马路。突然，一辆汽车疾驶而来，向孩子们冲去，殷雪梅见状张开双臂，奋力将六名学生推向路旁，自己被车子撞出老远。学生们得救了，殷雪梅却倒在了血泊之中！据交警部门确认，肇事车的时速为一百二十公里，殷雪梅被撞出二十五米之远。金坛从南京、上海、深圳请来了医学专家，先后输血一万多毫升，终因伤势过重，五天后殷雪梅不幸以身殉职，享年52岁。

殷雪梅逝世后，自发到灵堂吊唁的各界人士达5万之多。4月7日，全市举行追悼大会，挽联为："永恒的瞬间，瞬间的永恒。"灵车所到之处,沿途送别的群众达十万人之多!

瞬间壮举,英名永存。人事部、教育部授予殷雪梅"全国模范教师"称号,中共江苏省委追认她为中共党员,省人民政府追认她为革命烈士,并授予"见义勇为英雄"称号,省教育厅表彰她为"英雄教师",常州市委、金坛市委分别作出向殷雪梅学习的决定。

42. 集体利益放在第一位

我认为，一个革命者，要树立牢固的集体主义思想，时刻都要把集体利益放在第一位。同时还要坚决打消个人主义，因为个人主义对革命不利，对集体有损害。个人主义好比大海中的孤舟，遇到风浪，一碰就翻。集体主义好比北冰洋上的原子破冰船，任凭什么坚冰都可以摧毁。我认为坐在小舟里摇摇晃晃不好，还是坐在原子破冰船上乘风破浪一往无前为好。

你崇高的行为就是献身于为人民服务，为自己的祖国效忠，为崇高的共产主义理想立功。

雷锋精神遍天下

天地英雄

2006年11月14日，兰州空军某部河南籍飞行员李剑英驾驶"歼7g"型号歼击机，在训练结束下降途中，飞机不幸撞上鸽群，导致发动机熄火，空中停车。

当时离地面还有七百余米，如果跳伞，他马上可获救。但下方有一个化工厂和大量的群众，而当时机上还有八百余升油和一百二十发航空弹，如果此时就跳伞，后果不堪设想。塔台传来的不是他的请求跳伞指令，而是他的声音："下方有群众，调整方向！"十秒后，只有一百米左右，此时跳伞也有机会。但塔台还是那声音："有群众，准备迫降"。可六秒后，他的飞机撞在了大堤上，当场爆炸。他为挽救人民群众生命财产的安全献出了宝贵的生命，体现了一名共产党员对党忠诚、对人民热爱的高贵品质，谱写了悲壮豪迈的英雄之曲。

事故发生后，事发地周围的群众深深地为这个优秀的河南青年而感动，他们自发地到烈士殉难的地方为烈士祭奠。空军党委给李剑英追记一等功，并追授"空军功勋飞行人员"金质荣誉奖章。这是空军党委对一名飞行员的最高褒奖。

43. 决不要陷于骄傲

我今天听一位同志对另一位同志说:"人活着就是为了吃饭……"我觉得这种说法不对,我们吃饭是为了活着,可活着不是为了吃饭。我活着是为了全心全意为人民服务,是为人类的解放事业——共产主义而斗争。

今天我看了一位科学家对青年讲的一段话,对我的启发教育很大。他说:"你在任何时候,也不要以为自己什么都知道。不管别人怎样器重你们,你们都要有勇气对自己说:'我没有学识!'决不要陷于骄傲。因为一骄傲,你们就会固执起来;因为一骄傲,你们就会拒绝别人的忠告和友谊的帮助;因为一骄傲,你们就会丧失客观方面的准绳。"

这些话好得很,我不但要永记,而且要贯彻到言语行动中。

雷锋精神遍天下

两弹元勋

1924年,邓稼先出生于安徽省怀宁县,不久,邓父邓以蛰任清华大学及北京大学文学院教授,全家迁往北平。

邓稼先生活在国难深重的年代,那时,日寇铁蹄践踏了大片国土。亡国恨,民族仇,都结在邓稼先心头。1941年,邓稼先进入了国立西南联合大学,受业于王竹溪、郑华炽等著名教授,以良好的成绩圆满完成了大学四年的学业。1947年,他通过了赴美研究生考试,进入美国印第安那州的普渡大学研究生院——由于他学习成绩突出,不足两年便读满学分,并通过博士论文答辩。此时他只有26岁,人称"娃娃博士"。

取得学位九天之后，邓稼先便毅然放弃了在美国优越的生活和工作条件，回到了一穷二白的祖国，投身于祖国的核工业中。他参加组织和领导我国核武器的研究、设计工作，是我国核武器理论研究工作的奠基者之一；从原子弹、氢弹原理的突破和试验成功及其武器化，到新的核武器的重大原理突破和研制试验，均做出了重大贡献。被誉为"两弹元勋"。

　　邓稼先同志长年累月忘我工作，积劳成疾，身患癌症，于1986年不幸逝世，终年62岁；邓稼先同志在弥留之际，还用生命的智慧和最后一丝力气，与于敏合著了一份关于中国核武器发展的建议书，并叮咛道："不要让人家把我们落得太远……"

44. 力量从团结来，智慧从劳动来

我学习了毛主席著作以后，懂得了不少道理，脑子里一豁亮，越干越有劲，总觉得这股劲儿永远也使不败。

我为群众尽了一点自己应尽的义务，党却给了我极大的荣誉，去年被评为先进生产者，并出席了鞍山市青年建设积极分子大会。这完全是由于党的培养，是由于毛主席思想给了我无穷的力量，是由于广大群众支持的结果。我要永远地记住：

"一滴水只有放进大海里才能永远不干，一个人只有当他把自己和集体事业融合一起的时候才能有力量。"

"力量从团结来，智慧从劳动来。

行动从思想来，荣誉从集体来。"

我要永远戒骄戒躁，不断前进。

雷锋精神遍天下

海尔总裁张瑞敏

"无论在种种赞美和表彰中，或是在种种质疑和非议中，他都一如既往，以自己的创新与开拓树立了来自东方的产品品牌，以自己的智慧和魅力打造出与时俱进的企业文化，以自己的胆识和勇气缔造着融入世界的品牌传奇。"

这是海尔集团首席执行官张瑞敏在获得中央电视台"感动中国2002年年度人物"称号时的获奖词。数亿中国人收看了这个节目，他们都被深深地感动了。当张瑞敏被问道："钱、利润、产品，容易让人高兴、振奋，这些东西在什么样的情况下能令人感动呢？"他略略沉默了一会儿说：在我眼里，感动两个字，都是人们在不同的本职岗位上

创造出来的，海尔之所以能够把品牌做到现在的水平，就是每个员工都遵循了"创造感动"四个字！

1984年，张瑞敏出任青岛电冰箱总厂厂长。十八年来，张瑞敏领导海尔集团由一个亏空147万元的集体小厂，发展成为2002年全球营业额711亿元的中国第一品牌。

张瑞敏才思敏捷，博学多才，人称"儒商"。从"日事日毕、日清日高"的OEC管理模式到每个人都面向市场的SST市场链管理，张瑞敏在企业管理上的不断创新赢得了世界管理界的高度评价。先后应邀登上哈佛大学、瑞士国际管理学院、哥伦比亚大学、沃顿商学院等世界一流大学的讲坛。被英国《金融时报》评为"全球30位最具声望的企业家"，荣获《亚洲周刊》颁发的"1997年度企业家成就奖"、国际联合劝募协会设立的"全球杰出企业领袖奖"和"最佳捐赠者奖"。在《金融时报》全球最受尊敬企业名单中，海尔雄踞中国最受尊敬企业第一名。

张瑞敏和他的同事们已经把一个集体企业变成国际知名的跨国企业，使中国在世界市场舞台上有了真正优良的企业形象。截止2002年，海尔已在160个国家建立了4.8万个营销网点，海外市场销售额达到近10亿美元。为中国企业赢得了世界的尊重。而他对待成就的哲学是："永远战战兢兢，永远如履薄冰"，但面对跨国公司的竞争，张瑞敏则是：与狼共舞，与狼共生共赢。

45. 永远保持自己历史鲜红的颜色

一个人出生在世界上以后,除了早夭的以外,总要活上几十年。每个人从成年一直到停止呼吸的几十年的生活,就构成各人自己的历史。至于各人自己的历史画面上所涂的颜色是白的、灰的、粉红的或者鲜红的,虽然客观因素起一定作用,但主观因素起决定性的作用。每个人每时每刻都在写自己的历史,每个共产党员和共青团员都应该好好地想一想。怎样来写自己的历史,每个共产党员和共青团员时时刻刻都要以马克思列宁主义、毛泽东思想来作你自己的思想行动的指导,真正做到言行一致。我要永远保持自己历史鲜红的颜色。

后记：公民好人雷锋

陶　林

雷锋是谁？是那个永远在宣传画里笑呵呵，三月来四月走的小兵叔叔，那个我们时常被号召去学习，但很多人不知道学习他什么的青年偶像，那个还未来得及成家立业，就不幸离世早夭的小兄弟……一个人让太多的人摸不着头脑，往往不在于大家都忽略他之时，而恰恰在我们过多地谈论他之时。雷锋，就是这方面的典型。

回到雷锋是谁来看。每年，很多人在赞扬雷锋和他的精神，这些赞美在三月份铺天盖地，与其说是一种称许，不如说是一种国家行政文化的惯性。跟我们的五一、"国庆"、高考一样，是一种制度传统和习惯。如今，在这些大合唱般赞美声当中，渐渐也有了很多的质疑：有人说雷锋是"人造的"，雷锋是一种刻意塑造出的偶像，因为"雷锋做好事从不留名，只是一股脑都在日记里"。

雷锋的确在离我们越来越远，但这种远，在我看来，是一个恰到好处的距离。以前，充斥我们眼睑中的太过于高大，我们必须仰视，只能看到他端着冲锋枪高高在上的下巴。如今，雷锋的尺寸不大不小，走到人群中，跟我们一般高低，正好让我们有机会，重新打量这位经常被提起却很少被真正理解的青年。

雷锋是谁？他是一个生在民国，长在共和国的湖南孤儿。他的童年时代完全为无端的苦难填满，却有幸被新政府收养，而青年时代，则是随着人民共和国一起开始的。文革开始之前"十七年"的中国,特别是刚刚跨入共和国的年头,中国人的精气神,是现在人所难以想象的。自太平天国起,持续了上百年的全国战争状态终告结束,国家初定,和平方兴,人们的确是满怀希望与快乐。像任何少年命苦的孩子一样,雷锋非常懂事,并深怀感恩,觉得日子的确一天比一天好,由衷地喜欢自己的新生活。在这股激情的推动下,他也非常真诚地希望把自己打造成一个国家所号召的那种"新公民"。

而在我看来,雷锋在日记里的满腔热忱,恰恰能够证明,他的确是真实的,所有言行绝非任何部门可以臆造出来。他的生活经验告诉他,国家的一切都是新的,好日子也是非常值得珍惜的,领袖所畅想的未来也的确是可以信赖的。这种淳朴、激昂、深怀感恩的情怀,必然激发一些新的道德出来。

然而,新伦理与旧道德在口头上往往冲突激烈,在实际操作中却未必抵触。雷锋所出生的湖湘之地,本来就是一个儒家文化氛围极其浓郁的地方,因此,近现代以来得以层出不穷地孕育出诸如曾国藩、左宗棠乃至毛泽东、刘少奇这样热衷儒家天下事功的人物。当"社会主义新人"还没有任何"模范"时,雷锋所欲成就的人格比照,只能来自耳濡目染的文化传统。"仁义礼智信",在我们今天所见的雷锋事迹当中样样不缺,而"忠诚、愚拙、笃行"也同样为后来诸方津津乐道。

"老吾老以及人之老、幼吾幼以及人之幼",每当读到雷锋送老大娘、扶小孩之类的故事,我的第一反应,就是这个句子。我想,孔孟老先生读了《雷锋语录》一定会感叹:"仁远乎哉?雷锋在,斯人至仁。"难怪通晓传统经典的毛泽东,都要对这个湖南老乡高看一眼。全心意打造一个新的"大同社会"的政治领袖,也的确是真心诚意号召大家向雷锋同志学习。"十七年"时代,毛泽东还不老,且自信十足,国内的个人崇拜氛围也并非那么极端狂热。他完全在雷锋身上看到了自己某些理想的希望所系。

还是回到雷锋的自身。雷锋的身份，终其一生，不过普通的一个小兵。我们平心而论，在雷锋之前几千年，中国的公论舞台的主角，永远是才子佳人圣贤义士以及王侯将相，即使到了民国时代，这种惯性传统依然没有变化。寻常人中偶有二十四孝或者烈女侠士，都是令人觉得可赞可叹，但绝难认可乃至效仿，缘由无它，存天理灭人欲，扭曲太过，纯粹奴隶道德，连提倡者也未必信它行它。毛泽东对"武训乞讨兴义学"之类义举不以为然，也并非是全凭意志的独裁。

而雷锋到底做了些什么？支援灾区，扶老携幼，义务劳动，热心助人……多只是举手之劳，乃实属"日常即道，满街皆圣"的儒家见识，而且是人人皆可为之的，也因此，可亲可近，可上手可实行，不过全系心中一善而已，代价也不过是少许分享生活之所得所乐罢了。

实话讲，雷锋从来不是名流，活着时没有享受过死后荣耀的万分之一。中国历史的舞台，向来精英架势十足，太习惯于品藻魏晋风度、品藻清流义士、品藻忠臣良将。即使在民国，也是诸如胡适博士、徐志摩、林徽因之类风采名流，正如鲁迅先生忍不住讥讽的"一个个都好似活在天上"。名流们对"下士"顶多是一个"礼贤"，对普通一兵，骨子里大概看都不会看一样，更不会相信有何圣贤之道堪在其身上体现，不过一将功成万骨枯之"万骨"吧。翻开几千年的舆论史，中国文化第一次给一个小兵留出这么大的话语空间，虽然有权力的方便法门在其中，但我以为，依然是一种进步，而且是家国臣民文化进入公民社会的巨大进步。

当下士林，又不断以讲说国学、文化为热，既得了炙手的好处，依旧喜欢标榜品味的高度。然而伪性横行，伪德败事之类，已然成为了生态，反而令人更加怀念雷锋。德者，行之所得也。凡行正道上，都值得我们去体味与同行。

有人又说雷锋只不过是年轻时的单纯,不幸早夭,也幸于年轻未经历生命之起伏。这般说辞似乎很通,也不过是过于圆滑的俗见——如此看来,圣女贞德也不过是一个不知天高地厚的一根筋小丫头片子——人既有本性之善,又能充分释放出去,保持着孩童之心,那就是真正"好人"的境界。雷锋这般,倘父母健在,不会是个忤逆的儿子;倘有妻室,也不会朝三暮四;若为人父,也必定是一个慈爱负责的父亲。他的确是个有精神的人,这种精神是生命的气息,不是因凭功利的算计能够换算出来的。

雷锋生活在前工业时代,虽然儒家伦理不断被提倡,但整体的小农文化还是以保守、自利与封闭为主。雷锋也自谓屡屡被人嘲笑为傻子,他实在不知道用老庄哲学的"以拙胜巧"来解嘲。其实,到了后工业时代,距离农业文化愈行愈远,社会越发达,人们彼此依存度越大却越来越陌生,对公益的呼唤就越高。当我们看到大量社会公共服务的志愿者们,大量NGO(非政府非盈利)性组织的出现,就会陡然明白雷锋是谁。雷锋不仅仅是个公民好人,他不正是我们当代志愿者们的祖师爷么?他个人所提供的捐款、无偿援助、义务劳动,完完全全地落实为当代的赈灾、公益服务、志愿者服务、慈善基金、环保行动……只要公民拿出志愿精神,那么遍地都是活雷锋,满街都是圣贤,人人都是好人。相比较而言,那种行政惯性下的一阵风加一窝蜂的"学雷锋",显得多么跑调与走题。

这部《雷锋语录》的编撰者陈述老师,就是一位公民志愿者。他教书育人,爱学生,爱工作,还创办了一个小小的义工组织,志愿服务于社会。他以为"好公民,择善听而闻,择善语而言,择善人而交,择善行而为。无偿志愿服务,是一个现代社会人应有的责任和义务,它应当是人们生活中的一个自然组成部分"。简而言之,他是个"活雷锋"。

邀请这位优秀青年志愿者来编撰这本写满雷锋精气神的书,实在再合适不过了。雷锋本人的文化程度并不高,存此文字皆出自其日记,或许后来被塞进去不少东西。但那份本真的善意,大致不会教人走歪路的。他的日记总量不大,精选成语录则更单薄,佐之以诸多公民的好故事,更能证明"德邻不孤"吧。感谢陈述老师的工作,愿公民善善相承,好人代代无穷。

2012 年 9 月 18 日于海滨寓所